JN410026

愛 愛
동작애 봉달이 愛
愛 유용 씀

한강 되찾기

동작…
노량진…
정조대왕님 능 행차
장승배기 대장승도 있는데…

한강 가려고 하니
우리가 잃어버린 한강 가는 길…

유용의 생각이 있습니다.
한강을
유용하게 쓰기위해 생각합니다.

한강 되찾기를 합시다!
유용은 오늘도 한강을
생각합니다.

동자승애 봉달이 愛

유용 씀

우리마당 웰컴

동작애 봉달이
유용

우리마당 웰컴

저 자 유용

1판1쇄 발행 2022년 1월 15일

발행처 및 인쇄 학사넷

펴낸이 우리마당 웰컴 정혜현

디자인 김현리

진행PD 박형록 김예진

주소 서울시 중구 인현동 1가 115-1

전화 02-3280-4133, 02-2277-1949

ISBN 978-89-969181-5-8 03800

정가 20,000원

rhatn111@naver.com

동작애 봉달이 유용

쌀 저울

동작에는 쌀 지게 저울이 있었다

동네 제사를 지내는데
이웃마을 사람들이 저마다
한말 씩 쌀을 지고 와서
경비를 댔다고 한다

그 쌀이 한 말 못되게 지고오면
오다가 넘어 졌다고
탈이 나서 몸이 상한다는
전설은

거짓 쌀 지게에 대한 경계요
진실되게 살라는 쌀 지게 교훈
동작에 유용하게

오늘도 으라차차~다 !

진실의 무게는
항상 같아서

딱 50kg 끙-차

동작애 봉달이

유용

들어가면서

먼저 감사를 올립니다.

인사부터 드립니다. 이 책이 나오기까지 수고해주신 분들에게. 그리고 오늘 이 시간까지 믿고 지켜봐주신 많은 분들. 육신은 물론, 정신적으로 정치적으로 도움을 주신 분들. 모든 분들에게 감사하고 또 감사합니다. 동작문화원, 네이버지식, 나무위키나 이런저런 자료들. 그렇게 거칠게 쓴 글들을 매끄럽게 잘 다듬어 주신 출판사 여러분들의 노고에도 고마움을 전합니다. 멋진 모습으로 더 잘해야 하는 데. 지금처럼 지켜봐주시길... 그리고 잘 읽어 주시길.

글 한줄이라도 유용하게 쓰이길… 항상 감사를 드립니다.

목차

동작애 봉달이 유용 愛

6thi ?

기후 변화에 바이러스들의 습격
식량안보는 물론이고
도심 한복판에서 먹거리 걱정이

밀키트로 배달의 민족이 변하고
K-푸드 한류의 새 바람이 불면
도심형 첨단농업센터 6thi 밸리를 꿈꾼다
도시농부, 스마트팜… 식물공장

첨단6차산업에 우리 미래가
새로운 먹거리 일자리가
있을지 모른다

어떠한 변화에도
식자재 마트가 텅 비는
충격적 사고가 없기를 …

식스밸리

도심형
첨단6차산업단지

동작애 봉달이

愛 合

유용

늦바람이 더 무서워

우리 가족은 동작구 사당동에서 오랜 세월 4대가 함께 살고 있다. 아내는 우리 집안일을 다 챙겨야 했다. 부족한 남편을 위해, 아내의 희생은 처음부터 지금까지 끝이 없다. 그러던 어느 날, 그 때... 아내의 표정이 이상했다.

"뭐가 그렇게 좋아?"

자꾸만 물어보는 것이 제 표정에서, 제 웃음들에, 몸이, 발걸음이 가벼운 모습들에서 아내의 예민(?)한 감각들이 살아난 듯 추궁을 했다.

"늦은 나이에 바람 났어?"

정치를 하면서 잃어버린 재산에도 눈 하나 끔쩍도 안 하던 아내의 눈초리가 매서워진 것은 제 늦바람 때문이었다. 봉사센터에서 일하게 되면서 일 하면서 알게 된 사람들... 그 분들의 봉사하시는 삶에서, 우리의 작은 봉사를 통해 크게 행복해 하시는 분들을 통해 내가 너무도 행복해 했다.

그때 '늦바람처럼 다가온 봉사 일'에, 그 행복한 얼굴 웃음꽃들이 마치 데이트에 설레던 청춘 그 시절, 내 아내를 만나던 그때의 내 얼굴과 같아 보였나 보다. 정치한다고 힘든 경우가 많았었는데. 그런데…

"정말 좋지?"

그래서 꼬드겼다. 아내도 같이 함께 하자고 했다. 그 봉사활동은 나는 물론이고 아내에게도 '늦바람에 지칠 줄 모르는 기쁨'이 되었다.

나는 아내에게 고통이나 번뇌를 주기를 싫어한다. 형제가 다섯이요. 친인척 식구들이 넘치니 어디 바람 잘 날 있을까마는 가급적 아내에게는 '바람 들어온 그 일들 = 형제간, 친인척간의 돈 문제들'을 일절 상의하지 않는다. 그냥 순수한 내 몫이었다.

형제들에게 양보하고 또 양보해도. 아내는 그 일에서 빠지게 한다. 아내가 행복하기 위해서 그 번뇌의 고통에서 벗어나도록 철저하게 보안(?)을 지킨다. 모든 것이 앎에서 시작하는 것. 그렇게 속임의 죄를 나 혼자 감당하면서 살아왔다.

아내가 더 이상 힘들지 않게. 심란했던 바람들이 훨씬 잔잔해진 요즘, 나는 다시 늦바람이라도 난 듯하다. 그런데 그 늦바람 속에서 나는 알게 됐다. 진정 나는 아내 덕으로 살았다. 알고도 모른 척. 그렇게 지켜만 봐도 좋은 더 깊어지는 내 사랑, 아내가 최고다.

"아내가 자꾸 예뻐지니, 너무 좋다."

간수를 빼야 진짜

정치인들이 자기를 소개하면서 힘들어 하는 것 중의 하나가 '솔직한 것을 택할 것인가', '멋진 것을 택할 것인가'의 갈등이다.

최근 나를 알게 된 많은 분들에게서 듣게 된 말에서 많은 생각을 하게 된다.

"내공이 깊어 보인다."

라고 하실 때마다

"허허실실. 허술해 보인다는 얘기들도 더 많이 듣습니다."

재미있다는 분들도 계신데. 다들 칭찬처럼 인간미 깊은 정치인이 되라 하신다. 그 덕담을 따라 들어가 보면 과거의 내가 부끄럽게 서 있다.

"저는 굉장히 건방진 놈이었습니다. 도도했습니다. 도도합니다."

웬만한 사람과는 대화도 안하고, 상대가 건방지면 나는 더 건방지게 말도 안했다. 학생 때부터 그랬던 것 같다. 하지만 교육자이셨던 아버지의 영향 때문이었는지 몰라도 건방진 나는 대신에 연민, 측은지심이 많았던 것 같다. 고등학생 시절 어느 겨울에 길에서 얇은 옷을 입고 있는 사람에게 나의 겉옷, 겨울 잠바를 벗어주고 집에 돌아와 할머니께 매 맞은 일도 있었다.

"그러다 네가 얼어 죽어, 이놈아."

선거에 지고, 술 한 잔 걸치고 집으로 가는 길. 주머니에 달랑 돈 만원 남았을 때. 이수역 14번 출구를 밤11시 넘어서 오는데 아들 또래 아이 하나가 계단에서 움츠리고 있었다. 그 때 눈을 못 마주치고 밖으로 나왔는데... 한 100미터쯤 걸어가다가 빵집 앞에서 멈추고 말았다.

"빵하고 물 5천원어치 주세요."

그리고 다시 그 지하철역 계단으로 가서 그 어린 친구에게 빵과 물, 그리고 남은 5천원과 제 명함을 주면서 말했다.

"또 도움이 필요하면 연락해라. 추우니까 어서 들어가..."

그리 말해 줬는데. 지금까지 연락이 없는 걸 보면 무소식이 희소식이라고 잘 살고 있었으면 좋겠다.

선거에서 여러 번, 좌절을 겪고 얻은 것은 내 본성이다. 제대로 쓰이는 소금이 되려면 3년 이상 간수가 빠져야 한다고 한다. 그 간수의 쓴맛이 다 빠진 후의 소금으로 음식의 간을 해야 제 맛이 난다는 것이다. 나도 그렇게 간수가 빠진 소금이고 싶다. 하느님 말씀대로 빛과 소금의 역할을 위한 단련. 그렇게 세월의 간수가 빠지니 진솔한 내 본심처럼 소금의 역할이 보이기 시작했다.

내가 짜기만 한 것은 아니겠지?

기회의 땅

북한에는 우리 미래 경제의 기회가 있다. 평화시대가 열리면 북한은 천연 자원과 인적 자원, 경제 성장의 가능성 등에서 우리 민족에게 가장 큰 기회의 장(場)이 펼쳐질 것이라고 세계적인 투자자 짐 로저스 등이 말하고 있다.

가자, 북으로!!

남한에서 북한으로 일자리를 찾아가야 하는 경제 환경. 남북한이 서로 부족한 면들을 채우고 보태서, 더 발전할 수 있는 계기들을 만들고 거기서 더 큰 기회가 발생할 것이라는 의견에 토를 달수가 없다.

그런 날들이 오기를 기다리며 한 가지, 우리가 지금 같이 고민해야 할 것이 있다. 정체성 문제. 민족적 정통성에서 친일세력 청산이 문제가 될 것이다. 우리에게는 아픈 과거 속에서 국가적 민족적 정통성을 가질 수 있는 기회를 놓쳤다.

유럽은 물론 베트남도 미안마도 중국조차 반민족적 행위에 대한 청산이 있었다. 역사를 잃어버린 민족에게 미래가 있을 수 없다. 남한에서 친일 세력 청산은 아주 오래 묵은 고질(蠱疾)이다.

프랑스에서 반민족 행위자들에 대한 처벌을 한 후 드골 대통령은

"앞으로 프랑스가 국력이 약해져서 외적의 침입을 받을 수 있을 지라도, 반민족 행위는 다시 나오지 않을 것이다."

라고 단호하게 말했다. 생각을 더 해본다. 문제는 세월이 하도 많이 지나서 당사자들은 민족적 처벌도 안 받고, 반성도 없이 세상을 떠났지만 이제 자손이라도, 그 후손들이라도 우리 선대가 잘못하셨다 해야 한다.

"죄송하다. 미안하다. 우리가 앞으로 봉사하고 사회에 무엇이라도 하겠다. 재산의 일부라도 내놓아 상처를 씻는데 작은 도움이라도 되게 하겠다."

이런 말들이 해결점이 아닐까. 누군가의 요구에 의해 혼나는 것도 중요하지만 스스로 반성하는 것을 통해 더 미래지향적인 민족적 정체

성, 국가적 정통성을 확립하려는 노력들이 있어야 한다고 생각한다. 반성은 내일을 위한 도약의 발판이니까.

북한과 평화시대를 열어 새로운 민족적 도약, 발전의 계기를 만들기 위해서라도 친일세력의 청산과 처절한 자기반성은 있어야 한다. 이를 통해 민족적 정체성을 되찾아 국가 정통성을 바로 세워야 할 것이다.

친일 이후, 한국사에서의 잘잘못은 분명히 가려져야 하고, 각 사건에 대한 올바른 평가와 처벌, 반성이 있어야 할 것이다. 북한과의 문제도 해법은 복잡할 것이다. 그 복잡함 또한 우리가 풀어야할 과제이다.

어찌 과거의 좋은 것만 가지고 갈 것인가. 과거의 옳고 그름, 좋고 나쁨이 가득한 것인데 그것을 어찌 부정하겠는가. 얼마 전, 노태우 전 대통령의 아들, 노재헌씨의 5.18 사과와 방문에 따스한 시선과 격려의 박수를 보낸다. 과거에 대한 올바른 자세,

항상 나부터 반성과 사과를...

오드리 햅번의 '두 손'

오드리 햅번(Audrey_Hepburn : 미국의 영화배우. 1929~1993)은 19살 때 런던에서 발레수업을 받다가 마리오 덴비 감독에 의해 배우로 활동하게 되었다. 그리고는

"세계 제일의 미녀잖아"

이런 평가에 너무도 익숙한 그녀. 오드리 햅번은 배우의 미모와 그보다 더 아름다운 봉사자의 삶과 마음으로 그 아름다움의 상징이 되었다.

첫 작품은 <낙원의 웃음>. 이후 <젊은 아내의 이야기>, <첫사랑> 등의 작품에 단역으로 출연했으나 별다른 주목을 받지는 못했다. 우연한 기회에 프랑스의 여성 작가 꼴레트를 만난 이후 그녀의 작품에 출연하게 되면서 얼굴을 알리기 시작했다. 이후 <사브리나> <전쟁과 평화>, <하오의 연정>, <티파니에서 아침을> 등 여러 영화를 히트시켰다.

<마이 페어 레이디>에서의 인기는 하늘을 찔렀고 백만장자의 대스타가 됐다. <로마의 휴일>에서의 쇼트커트, <사브리나>에선 맘보 바지. 세계에 '오드리 햅번 스타일'을 계속 유행 시켰다. 그녀는 전 세계 여성들의 우상이었으며 만인의 연인이었다.

한편, 그녀는 얼굴만 아름다운 게 아니었다. 정말 착하고 예뻤다고 할 수 있는 일은 봉사였다. 유엔과 민간단체에서 두루 활동했다. 유니세프 친선대사이기도 했다. 지뢰 제거, 전쟁지역에서 농작물 가꾸기, 대량살상무기 폐기 등의 캠페인을 벌이기도 했다.

오드리 햅번은 60세를 바라보는 나이에도 그곳이 오지든, 전장이든, 전염병 지역이든 어디든 가리지 않고 갔다. 그녀의 봉사가 필요하다고 하면 기꺼이 갔다. 그러면서 아들에게 그녀가 이렇게 말했다고 한다.

"아들아... 기억하라. 만약 너의 도움을 주는 손이 필요하다면 너의 팔 끝에 있는 손을 이용하면 된다는 것을, 네가 더 나이가 들면, 두 번째 손이 있다는 사실을 발견하게 될 것이다. 한 손은 너 자신을 돕는 것이고... 다른 한 손은 다른 사람들을 돕기 위한 것이다."

오드리 햅번이 했던 얘기다. 나는 이야기를 셀 수도 없이 반복하고 또 반복해 보았다. 다시 반복한다.

"아들아, 네가 성장하면서 손이 두 손인걸 알게 될 거다. 한 손은 너를 위한 것이고... 한 손은 이웃을 위한 손이라는 것을 알아라."

도대체 이 구절은 듣고, 말하고, 또 말해도, 또 들어도. 이 얼마나 아름다운 얘기인지. 이 아름다운 영화배우 입에서 나온 얘기... 흔히 나올 수 있는 얘기가 아닌데... 얼마나 멋진 얘기인가 싶다.

철저하게 봉사하는 삶을 살았던 오드리 햅번의 두 손은 그래서 그 가치가 더 있어 보인다. 언제든 나는 내 두 손을 내밀면서 그녀의 말을 천사의 말씀처럼 마음속에 되새긴다.

한 손은 너를 위한 것이고... 한 손은 이웃을 위한 손.

봉달이 참참

봉사활동을 하다보면 사람들 얼굴에 웃음꽃들이 활짝 핀다. 봉다리는 어디론가 가져가기 위해 뭔가 담을 수 있는 종이 또는 비닐로 만든 자루 같은 봉지의 방언이다. 그런데 말하는 발음이 같은 이 봉달이는 사실 내 별명이기도 하다. 우리 봉사 센터에서 '봉사하는데 달인'이라서 봉달이라고 했다는데... 나 말고도 많은 봉사활동가들을 일컫는 말이란다. 내겐 과분한 별명이다.

문득 봉달이로 노랫말 하나 만들면 어떨까 생각해 보았다. 트로트가 유행이니까 봉사활동 많이 하시는 분들과 함께 부르고 더 자랑스러워했으면 하는 마음에 부르기 쉽고, 막 불러도 편한 그런 노래 하나 있었으면 해서...

[봉달이 참참]

누가 봉달이래요 봉—다리, 다리다리♬
내 이름은 봉달이 (참참)

이리 담고 저리 담아
여기 주고 저기 주는
봉사달인 봉달이 (참참)

누구 별명이래요. 봉—다리, 다리다리
내 이름은 봉달이 (참참)
이판사판 살아가는
험한 세상 함께 가요
힘냅시다 봉달이 (참참)

사는게 뭔가 움켜쥐면 하나고 나누면 둘—인데
사랑이 뭔가 마음주면 다알고 나누고 사는건데
가져갈 것 없는 인생 길 사랑하나 담아
이리저리 담고담아 여기저기 주고주는
봉사달인 봉다리,
다리다리 다리다리 봉달이 참참
다리다리 다리다리 봉달이 참참
오늘도 나는 간다. 봉사달인 봉달이 인생길.. ♩♪~~♥

노래처럼 흥얼대니 제법 노랫말 같기도 하다. ♬ 봉- 다리다리. ㅋ~
봉다리. 종이나 비닐로 만든 주머니 같은 것이다. 인생은 주고받는다.

인생이란 그런 것이 아닐까.

오랜 봉사활동은 내게도 '봉달이 유용'이라는 별명이 붙게 했다. 누군가 어느 순간부터 내게도 붙은 봉달이라는 별명. 내가 제일 좋아하는 특별한 별칭이다. 이것이 바로 내 삶의 훈장 같은 것이다. 나이를 채워가며 얻은 가장 큰 보람. 동작을 사랑하는 봉사 달인, 유용... 유용하게 씁시다. 이런 얘기를 누군가 해주는데... 가슴이 후끈 달아올랐다. 그래, [동작아이, 동작愛 봉달이... 유용]이다.

내 이름에 모든 것을 걸고 또 걸어서 사랑해보자. 그런 마음으로 일을 저지르기로 했다. 수줍게 내 삶을 꺼내기로 했다. 뻥짝처럼 구수하고 편하게...

좀 촌스러워도 봉달이니까.

태몽은

혹시 태몽이 무엇인가요? 하고 물으면

"용용이지"

이렇게 여지없이 답한다. 거기 용(龍)이 있다. 어머니가 나중에 들려주신 얘기인데 아버지께서 용(龍)이 하늘로 올라가는 꿈을 꾸셨다고 했다.

원래 태몽 그대로 이름을 용선(龍善)으로 하시려고 했는데 그러다 아버지께서 선(善)은 빼고 용(龍)만 남기셔서 태몽의 용만 이름에 남았다. 그래서 태몽유용(胎夢有龍)이다.

친구들에게 이 이야기를 해주면,

"용용 죽겠지. 넌 뱀도 안 돼"

놀림거리가 됐다. 친구끼리니까 나도 뭐 그들의 이름에 별명까지 다 재미로 말장난 할 때니까 뱀이나 용이나 했다. 그런데 용이라서 그런지 남들이 좋아하는 첫 눈이 오거나 함박눈 그런 것 보다는 비가 좋았다. 그것도 줄곧 내리는 장대비보다 가늘게 내리는 비. 젖을 듯 아니 젖을 듯 흩날리듯 뿌옇게 눈 가리는 듯 내리는 그 물 내음 가득한 가는 비. 그 비가 그렇게도 좋았다.

가는 비. 누가 간다고 해서 가는 비가 아니다. 가늘어서 가는 비다. 아니 누군가 가는 듯한 안타까움이 서리서리 서린 비가 가는 비다. 그런 애틋함이 날린다. 마음 저편에 가득.

가는 비가 내리면 사색을 해야 할 것 같고 뭔가 창밖에 누군가를 쳐다봐야 할 것 같은 이야기 가득한 날이 된다. 이런저런 생각들. 무수한 생각들이 이어지는데 뭔가 남은 것은 없는 그런 시간들이 무심히 흐르고...

아, 우리 아버님 호(號)가 세우(細雨)였다. 가는 비. 돌아가시기 얼마 전. 문득 아버지는 말씀하셨다.

"용아, 내 호가 뭔지 아니?"
"아버지 별호가 있으셨어?"

“그럼, 있었지…”
“뭔데?”
“세우(細雨). 가늘 세(細)… 비 우(雨)”

그래서인가. 핏줄이 당겨서인지 가는 비만 오면 마음이 좋았고, 아버님이 돌아가신 후 그 가는 비는 아버지 별호(別號)까지 얹혀서 나를 흐드러지게 한다. 사당동 태평백화점 뒷길 시장 통에 가는 비라도 내리면…

“용아… 내 호(號)가 세우(細雨)다.”

기억해 달라고 하신 것처럼, 그래서 온통 젖어가는 그 가는 비에 그리움이 사무친다.

보고 싶습니다. 아버지.

좋아했다. 아버지도 나도. 우리 가족은 한 잔 술에 멋진 풍류 기질을 가지고 태어난 듯 그렇게 주당(酒黨)은 아니었지만 좋아들 했다. 우리 가족 남자들의 내력이다.

어느 날, 아들이 훌쩍 커버려서 어깨가 나보다 더 넓어진 것 같고, 키는 이미 나보다 더 큰 것 같아서 조금 묘(?)한 기분이 들 때, 아들과 술 한 잔이 고파서 청했었다.

"아들, 한 잔 할까?"

내가 좋아 하는 맥주 한 잔. 그 시간이 없다는 아들 놈 붙잡고 눈치 보는데… 바쁘단다. 그렇게 견고한 담을 치듯 짧고 강하게 말한다.

"담에"
"그래, 다음에 꼬옥 하자"

그래서 훌쩍 커버린 아들에게 담치기 당하고 콧물만 훌쩍, 서운하고 머쓱해진 마음으로 겨우

'다음에 하지 뭐'

그러는데... 갑자기 훅- 하니 내 아버지 생각이 났다. 애주가 아버지에게 술 한 잔 하자는 말씀 드린 적 있었던가? 그런 생각에 마음 한 구석이 무너진다. 없었다. 한번도.

그 때, 아버지께서도

"언제든지 좋으니... 한잔 하자"

라고 하셨다. 크면... 커서... 언제든. 아버지는 아무 때나 시간을 내겠다고. 그 고지식한 교육자 아버지의 말을 그때는 이해 못했었다. 나도 담에 담에 하자고. 담을 치고 또 치고. 아버지 마음에 대못을 치고 그랬는데... 선출직 공직에 정신없는 시간들 속에서도 아들의 말이 고팠다.

"아빠 한 잔 하실까요?"

이 말이 더 고픈 아버지가 되어, 언제든지 달려 나갈 준비가 되고 보니... 내 아버지도 그랬겠다. 그러셨을 거야. 내가 한 잔 하시자고 그리 말해주길 기다리고 또 기다리셨을 거다. 그러셨겠다 싶어서 눈물이 핑 돌았다.

'주(主)님, 주님은 어찌 주(酒)여 주(酒)여 하게 하십니까. 취하고 취해도 그리운 그 이름. 주님은 아버지 하나님과 술 한 잔 하십니까.'

아들이 고파서 언제든 시간 내시겠다던 내 아버지와 닮아버린 나는 오늘도 주님의 은총을 생각하며 하나밖에 없던 내 아버지를 그리워하며 흔들린다.

"주님, 같이... 품에 담죠 뭐-"

60 넘어서

아버님의 세우(細雨)는 내 태몽유용(胎夢有龍)에서 용(龍)트림을 한다. 정치라는 곳에 발을 딛고서 몇 번의 낙선으로 재산은 까먹고 나이만 더 먹고, 왜 용(龍)꿈은 꾸셔서... 자꾸 용(龍) 꿈꾸게 ㅠ

그렇게 실망을 주고 낙망을 하고 허탈할 때... 문득 생각나는 일화 하나가 있다. 길 가던 나를 어떤 분이 불렀다. 이수역쯤이었나? 초등학교 6학년 때

"얘야. 너 언제 태어났니?"
"...?"

내 나이를 물으시고는 뭔가를 막 적으셨다. 길에서 점사를 보시던 분이 대뜸

"넌 60이 되면 굉장히 좋아지니깐 그것을 생각하면서 살아라."

어린 나이에도 그 말이 얼마나 묘하게 계속 기억에 남았는지. 지금까지도 내 삶 굴곡진 곳곳에서 때로는 원망이 되고 때로는 위로가 되곤 했다. 생각하면 60살 이전에는 안 좋다는 말인데 10대 초반 어린 아이한테 어찌 보면 할 말은 아니지 않나. 젊고 힘 좋고 세월 좋을 때 좋아야지. 60이면 환갑인데, 부지런히 한 세월 살아낸 뒤, 그때 좋으면 뭘 어쩐다고

하여간 그 말 듣고도 또 그렇게 살아온 지 벌써 60이 다되었다. 그리고 이제 뭐가 좋을지는 모르지만, 어쨌든 그 말로 위로 삼아서 살아온 듯하다. 60이면 굉장히 좋아진다고 했으니까. 하면서...

가는 비가 내리는 날이면, 아버님의 별호 세우(細雨)가 마음을 적시고, 그 세우(細雨) 속에서 세상을 평정할 주군을 기다리며 곧은 바늘의 낚싯대를 드리워 세월을 낚고 있던 여상... 강태공이 생각난다.

상고 시대인 은주 혁명기. 서기전 11세기경의 정치가이자 전략가, 제나라의 초대 제후. 성은 강(姜)이고, 씨는 여(呂), 이름은 상(尙). 자는 자아(子牙), 아호는 비웅(飛熊)이란다. 우리들이 알기에 태공망(太公望), 강태공 등으로 잘 알려져 있다. 기회를 기다리는 낚시꾼의 대명사다.

태공망이란 '태공(太公)이 그토록 간절히 바라던(望) 사람'이란 뜻이다. 기록에 주나라 문왕을 따랐을 때 이미 70대의 노인이었다고 한다. 오래 산 강태공은 궁팔십달팔십(窮八十達八十)으로도 알려져 있다. 즉, 태어나서 여든 살이 되도록 궁하게 살았으나, 나이 팔십에 서백창 문왕을 만나 등용되면서 주나라를 세우고, 영화롭게 80년을 더 살았다. 실제로 160년을 살았을 리는 없겠지만, 아마도 반평생을 어렵게 살다가 나머지 반평생을 성공한 인생을 가리키는 말일 것이다.

70세까지 무위도식 했다는데... 나는 낚시를 좋아하지는 않아서 그 대신 그럭저럭 삶을 더 다양하게 산 것 같다. 어쨌든 가는 비에 낚시로 세월을 낚는 듯 60을 살아오고 이제 굉장히 좋은 일을 해야 하는 어떤 의무감에 사로잡힌다.

누가 그랬단다. 60에 은퇴한 분이... 부부가 같이 노년에 여행이나 다닌다고. 그렇게 두 부부 90이 다되어서 후회했다고 한다. 인생의 1/3을 언제 죽을지 모른다고 여행이나 하면서 소비했다고. 30년 가까이 더 살 줄 알았다면 인생 2부 조금은 다르게도 살아봤어야 했는데 하며.

물론, 한 세월 열심히 살아 온 뒤 은퇴하고 세상구경에 한가로이 삶을 채워 나가는 것도 좋은 선택이라고 생각한다. 평균수명이 길어졌

으니

세상을 위해 할 수 있는 일이 더 있겠지?

어머니는 종교다

어머니 얘기는 먼저 눈물로 시작된다. 그냥. 고지식한 교육자 아버지는 에누리가 없었다. 큰 아들인 나에게 부응해야할 의무(?) 같은… 무거운 기대를 가지시고 훈육하셨다면, 어머니는 그냥 품어주셨다. 그래서 내겐 종교다. 종교(宗敎) 그 믿음을 가지고 살아왔다. 어머니는 창조주 하나님의 또 다른 천사. 나는 그렇게 어머니를 늘 그리워한다.

성당(聖堂)을 다니면서 성모 마리아께 항상 기도한다. 아무리 잘못해도 뭐든 다 용서하시고 내 편이 되어주신 내 어머니. 그 깊은 사랑은 홀로선 세상에서 눈물이 마르지 않으셨던 자식 걱정에 염려에 이런 저런 걱정에 그저 자식. 그 중에 큰 애. 큰 애물. 애물단지는 언제나… 나였다.

"알지? 아들. 난 언제나 네 편"

마누라가 아들에게 하는 말을 들으면서 내 편이 없어서 외로운 나는 내 어머니 냄새가 그리워진다.

‘너는 좋겠다. 언제나 니 편이 있어서. 언제나 내 편은 지금…’

아들에게 시기질투라니. 내 어머니 돌아가신 뒤, 더 그리운 언제나 내 편. 시집살이 안 시키려고 며느리 먼저 챙기시던, 그래서 시어머니가 더 편했다는… 내 아내의 고마운 평가보다도 더 보고픈 내 어머니. 그 따스한 배려심에 나는 언제나 고프다 엄마의 냄새가…

“너 하고 싶은 거 해.”

예수님께서 고행의 그 길을… 십자가의 짐 진 그 길을 가셔야 했을 때, 성모 마리아께서는 정말 아들 편이셨을까. 십자가에서의 네 번째 말씀 (마가복음15:33~34),

“엘리 엘리 라마 사박다니.. 나의 하느님, 나의 하느님 어찌하여 나를 버리셨나이까.”

이 말씀에 그 얼마나 가슴이 무너졌을까.

“내가 목이 마르다”

하시고,

"다 이루었다"

하셨을 때,

"아버지 내 영혼을 아버지 손에 부탁하나이다."

하시고 고개를 떨구셨을 때, 어머니. 성모께서는…

그래서 어머니는 종교다. 내게도

이태석의 앎이란

앎이란 '알다. 암-', 감탄사 아! 이런 것인 듯하다. 삶은 살아가는 것을 앎. 사는 것을 아는 것이듯. 앎이란 '알'을 모태(母胎)로 한 말인 것 같다고, 저보다 어린 술친구가 주저리 풀어놓은 얘기가 너무 재미있어 넋을 잃고 듣고만 있었던 때가 있었다. 그 자리 끝에서 얼큰 취한 제게, 아! 하는 느낌이 들었다.

'그래, 이태석 신부님, 그 분의 앎이... 느껴진다.'

세례명은 요한, 별명이자 그들이 불러준 명칭은 남다르다.

"수단의 돈 보스코... 수단의 슈바이처. 우리 곁에 잠시 오신 성자"

'톤즈' 마을 사람들은 서툰 발음으로 신부님을 '파더 쫄리 (John Lee)'라고 불렀다. 카톨릭 사제이자 의사이기도 했던 신부님은 아프리카 수단 남부 톤즈에서 교육과 의료 활동을 하셨고, 그 지역을 넘어 큰 존경을 받으셨다.

그러나 2008년 서울에 오셨을 때에는, 대장암 4기 판정... 결국, 그리운 아프리카 '톤즈'로 다시 돌아가지 못하시고... 2010년 서울에서 선종하셨다. 신부님의 삶에서 받은 나의 충격은 컸다. 신부님께서 선종 직전에 하셨다는 한마디. 동료 수도자들께서 증언 하셨던 그 마지막 한마디에는 봉사하는 '삶'이 흥(?)겹게 달려 있었기 때문이다.

"Everything is good!"

이태석 신부님은 대장암 4기에 도달하시기 까지, 그때까지 '톤즈' 마을 사람들 사이에 계셨다. 그래서 '암(癌)'을 4기가 다 되도록 그 암을 달고서도 봉사를 하신 것이다. 그 대장암이 한국에 오니 무서운 '암'이 되었다. 알고 보니 암(癌). 봉사하시는 그 순간순간에서, 느끼지 못하셨거나 아니 느끼셨어도 봉사하시는 그 일에 흥에 취해, 그 기쁨에... 아프리카에서는 그 심각성을 알지 못했던 암. 그 암을 서울에 와서 알아버린 신부님의 '앎'은 그래서 더 슬프고, 그 슬픔 뒤에 챙겨야 하는 눈물어린 감동, 그 봉사하시던 삶의 속에서 늘 있었던 기쁨이 느껴진다.

'암도 알 수 없이 취해버린 그 가난한 봉사의 삶. 그 흥겨움...'

신부님은 아신 거다. 나는 그리 생각한다. 주님을 알고, 그 공생의 삶을 알게 되어, 봉사에서 얻은 '성직의 앎'. 그 흥겨운 기쁨에 당신의 삶을 온전히 다 바치신 것이다.

나도 이제야 조금은 알 듯 하다. 이태석 신부님의 삶을 통해… 우리에게 무엇을 배우게 하시는 걸까.

무엇을 알아야 하는 것일까. 그건 작은 것 같지만, 삶의 큰 의미… 하루하루 봉사하는 삶에서 하나님의 공생에 대한 '앎', 그 기쁨, 그 흥겨움이 아닐까 싶다. 신부님의 삶의 궤적을 통해, 비로소 나는 나의 봉사에 대한 태도와 봉사가 주는 삶의 기쁨과 그 의미를 되새김질 할 수 있었다.

"파더 쫄리, Your life was Good!"

동작은

동작 그만!

이 소리를 듣고 컸다. 뭘 그만 두라는지. 맨날 동작, 동작… 게다가 방송에서는

"동작동 현충원에서는…"

무슨 국경일이나 높으신 분(?)들의 방문을 알리는 뉴스 속에서 동네 이름이 자주 흘러 나왔다. 그 동네가 내 동네, 우리 동네였다.

교육자였던 아버지께서 고향 함평을 떠나 정착한 곳. 동작구. 학교 다닐 때 수시로 듣던 '동작 그만!'은 경외스런 현충일에 하루 종일 그 유명한 아나운서의 방송 목소리로 우리 동네 이름이 온 방송 매체들에서 들려오곤 했다. 태극기와 동작 그만. 아침과 저녁, 그리고 국경일… 그래서 난 동작동의 동작과 '동작 그만'의 동작이 같은 동작인 줄 알았다.

동작(動作)은 손 발, 몸짓에 관한 말이고, 동작(銅雀)은 한자 그대로 직역을 하자면 구리 빛 새. 구리 빛 참새라는데 나는 구리, 도장, 돈의 동(銅)과 꼬리를 펴면 그 어떤 새보다도 아름답고 귀해 보이는 공작(孔雀)의 작(雀)이 어우러진 단어라 "구리처럼 귀한 귀족 새" 동작(銅雀)이라고 부르고 싶다. 구리는 현대 정보화 시대에 필수적으로 쓰이는 금속으로 열전도율도 높아 우리 실생활 속에서 없어서는 안 될 귀한 물질이다. 그렇게 마음속으로 동작은 내 식대로 막 새기고 있다.

동작은 이렇게 수시로 듣고 또 부르던 내 삶의 오랜 친구 같은 단어다. 그렇게 우리 동네의 의미를 살리고 보면... 동작구는 실상 서울에서 드믄 장점들을 가지고 있었다.

진짜 강남. 내가 속한 동작구는 서울특별시의 중남부에 위치했다. 역사적으로는 예로부터 서초구 등과 함께 영등포권역이었다. 그래서 북으로 한강을 두고 있었으니... 강의 남쪽. 진짜 강남이었다. 강남초, 강남중학교 또 신대방 넘어 지금은 재개발된 오랜 아파트 이름이 [강남아파트]라고 있었다. 지금의 구로디지털단지역 바로 옆에.

국립서울현충원과 사육신공원의 사육신묘가 있어서 서울의, 아니 대한민국 충절의 상징 같은 자치구가 동작이다.

지역명칭은 지금의 동작대교 남단의 검은 구릿빛(銅色) 돌(돌재기, 자갈)이 많았다고 해서 붙여진 '동재기 나루'에서 유래했다는 설과 삼국지 조조의 '동작대'와 발음이 비슷해서 음을 가차해서 썼다고도 하는데... 실제 '동작대'와는 아무 상관관계가 없고 오히려 귀한 상징, 상서로운 봉황새가 대부분 '황금빛 새'로, 말 그대로 구릿빛 공작(孔雀), 동작(銅雀)이니...

나는 그저 귀하고 귀한 황금빛 공작, 봉황(鳳凰) 같은 고장이 동작이라고 여긴다.

영등포구와 함께 한강 이남에서 가장 일찍 서울에 편입된 지역으로 원조 강남으로서 언젠가 제대로 재도약, 황금 공작, 봉황(鳳凰)의 나래를 펴야하는, 내 삶의 귀하디귀한 터전이다.

동작, 날자! 한번 날아보자꾸나~♥

버렸다. 구청(區廳)의 중심(中心)이 없어서 구심(求心)으로 바라보면, 한강을 버린 곳이 우리 동작구다.

우리 동작구는 생활권이 서남부(신대방동 → 구로디지털단지, 보라매공원/보라매타운, 신림역), 서북부(대방동 → 여의도), 중부(노량진 - 장승배기 - 상도 인근), 동부(사당 - 이수의 동작대로 연선)로 나뉜다.

같은 동작구지만 실상은 네 구역별로 서로 구별되는 생활권으로 나눠진다. 그래서인가 참 이상하게도 동질감이 떨어진다.

그러면서 아쉬운 것은 우리가 중심이 아니라 옆 동네 곁다리 같다는 것이다. 한강을 끼고 있고, 그 옛날 첫 서울 강남이었던 우리 동작구가 지금은 한강을 누리지 못하고 있다는 것이다. 강남에서 한강도 그대로 있고 남쪽에 동작구도 그대로인데… 한강 프리미엄은 동작에서는 확- 반감 되어버린다.

한강을 끼고 있지만, 한강을 잘 활용하지 못한 자치구. 현충원 동작역을 비롯해 대방역에 이르기까지 한강으로 진출은 경부선 철도와 도로로 잘(?) 막혀 있다. 한강대교와 상도터널, 동작대교의 용산 미군기지 앞에서의 굴곡.

한강을 가기 위해선 대방역을 이용하거나 한강대교까지... 잘 막힌 길을 뚫고 가야하는데... 흑석동 인근은 다른 강변 지역과 달리 퇴적지형 둔치가 없이 구릉지가 강변에 바로 인접해 있었으나 최근 고층아파트로 조금씩 그 가치를 달리하고 있다. 올림픽대로는 다른 구간과 달리 동작구의 한강 인접권을 막고 있다.

결론은 수산시장이다.

노량진은 너무 일찍부터 개발되었다. 구도심 중의 구도심이다. 구시가지 재개발 문제로 현대적인 아파트단지를 만들기 힘들었다. 경부선 장애가 크니, 이를 지하화 하는 것은 동작구 발전을 위해서는 숙명적 과제다. 노량진 수산시장 일대에 획기적인 아이디어가 필요한 이유다.

기회는 서부선경전철이 2028년 개통을 앞두고, 그 연장선으로 장승배기 환승역에서 서울대입구역까지 추가되면서 다시 한 번 대중교통의 중심지로 동작발전의 모티브가 확실하게 제시되고 있다는 점이 다행 중의 다행. 동작대교 북단의 용산미군기지 이전으로 인한 교통 변화와 더불어 노량진역 지역의 경부선 철도의 지하화는 한강 인접권의 로또가 아닐 수 없다.

노량진수산시장이라는 전국적인 이미지의 서울 명소를 가지고, 이를 제대로 활용하지 못하고 있다. 전 세계인이 부러워하는 서울. 그 서울에서 가장 유명한 수산시장. 오죽하면 이순신 장군께서도 노량해전으로 더 유명하게 알려 주셨을까. 그 충신 중의 충신 충무공 이순신 장군도 충절의 사육신들을 아셨으리라. 그 유명한 충절의 사육신과 국립서울현충원, 노량진 수산시장이 있음에 감사하며 동작발전의 대전략, 발상의 대전환이 필요하다.

한강을 되찾아서

문제는 부동산이야

역시 공급이 답이다. 재개발 재건축이 필요한 이유다. 동작구는 대중교통의 집결지이면서 여전히 개발가능성이 많은 곳이다. 노량진이, 동작구가 그렇다.

2000년대 들어서부터 변화가 시작된 듯하다. 빠르게 변하고 있다고 말하는 이들이 있기도 하는데, 나는 당최 맘에 차지 않는다. 점점 더 나이를 먹어가니 세월의 안타까움이 드세서 그런 것 같다.

1990년대 말까지는 철도 교통을 기준으로 발전했다. 그러다 사당역(2,4호선), 노량진과 대방(1호선), 이수역(4호선) 인근이 지하철역을 주변으로 발전 했다. 그러나 이를 제외하면 극악 수준이었던 철도 교통이 7호선과 9호선의 개통으로 상당히 개선되었다.

역시 교통이다. 서울의 남부, 아니 한강변 중앙부라는 지리적인 위치에 최소 대한민국에서 다섯 손가락 안에 꼽히는 교통 편의성을 갖추고 있는데... 그런데?

더욱이 특히 상도동 숭실대학교 인근은 2000년대 초반 7호선의 개통과 함께 주요 도로인 상도로가 왕복 10차선으로 확장되고, 주변이 자연스럽게 개발되면서 대단지 아파트가 들어섰다. 그 외에는? 다소 갑갑하다. 장승배기역 인근 등 상도동은 이제야 전체적으로 재개발이 진행 중이다.

여러 사람의 이해관계가 복잡하며 얽히니 당연히 개발은 더디다. 그렇다고 무조건 빠른 사업 추진만이 능사는 아니니 지혜로운 상생방안이 필요한 까닭이다. 또한 지역주민의 재정착율이 떨어지는 개발사업에 획기적인 방안들이 필요한데 이것도 묘안을 짜낼 생각을 안 하는 듯하다.

종합행정타운의 오픈과 이전은 노량진에 구청부지 경찰서부지 등 공공용지를 남긴다. 이를 활용해 지역개발 주민 우선 임대수요에 대응하고, 인근 재개발 사업인 노량진 등의 개발을 촉진하는 특단의 대책이 필요하다.

수많은 정비 사업이 이주보상과 이주거부에 몸살을 앓는다. 실상 수십 년 살던 정든 고향, 또 고향 같은 곳을 떠나고 싶겠는가. 이를 개선하는, 공공용지를 활용한 순차개발 즉 임대할 곳을 개발지역 바로 그곳에 우선해서 먼저 개발하여, 지역민의 삶의 터전이었던 곳에서 떠

나지 않게 해놓고, 개발하게 하는, 그래서 다시 그 자리에 재정착하게 하는 묘안을 발휘해야 한다. 그래야 지지부진한 계획들을 빠르게 촉진시키고, 특색 없는 무미건조한 개발에 새 활력을 부어 넣을 수 있다.

서부선 경전철과 노량진역사 경부선 철로 지하화, 도로와 철로 융·복합 지하터널로 서울과 인천, 수원으로 향하는 최대 대중교통량 밀접지에 생기 있는 숨을 불어 넣어야 한다. 경부선 지하철로에 추가 도로도 같이 뚫어버리고, 그 지상에는 대중교통과 연계한 특색 있는 개발을 하는 것. 거기에 대중교통을 활용하는 청년주택, 행복한 생애 첫 주택, 장기서민임대주택 등을 충분히 지어 쏟아내는 것이 부동산으로 짜증난 우리 시민들, 서민들의 삶을 바로 잡는 묘책이 아닐까. 그 지하화는 우리 동작구에 한강을 내어줄 것이다. 비로소 한강을 품게 되는 것이다.

서민들이 더 살기 좋은 곳. 보기 좋은 개발, 살기 편리한 주거가 진짜 좋은 세상을 만든다. 그렇게 전국 1위. 아니 세계 1위, 살기 좋은 곳을 만들고 싶다.

"우리 할 수 있겠지?"

대심도 지하화를

지하철 1호선 지하화 최소 13조 예상. 대심도 지하화는 도심개발을 위한 여유 땅 찾기하고도 같은 말이 된다. 삶의 질도 높이게 된다. 공원 등 문화여유 공간이 지상에 생기고, 특히 철로로 막힌 도심단절 구간들이 열리게 되면서 지역발전의 새로운 모티브가 된다.

자료를 찾아보면, 서울지하철 1호선 지하화의 경우, 경부고속도로 서울 시내구간 지하화보다 훨씬 더 난제로 평가받고 있다. 왜일까?

서울역에서 온수역에 이르는 구간과 청량리역에서 도봉역에 이르는 철도 지상구간의 경우, 각각 길이만 17.3km, 12km에 달한다. 게다가 서울과 인천, 경기도 등 수도권 3개 광역지자체와 전국에서 서울로 오가는 KTX 고속열차는 물론, 일반열차, 화물열차, 서울지하철 1호선이 모두 통과하는 길목인 서울역과 구로역을 포함하고 있어서 지하화를 위해 철도를 부분적으로 멈춰 세우는 일조차 사실상 불가능하다고 한다. 당장 철도 편수를 줄이기만 해도 출퇴근 대란이 벌어질 것이 당연하다는 것이다.

뭔가 이상하다?

지난 4·7 서울시장 보궐선거 민주당 경선에서 나섰던 우상호 의원이 '서울지하철 지상구간 지하화' 공약을 내걸었을 때, 경쟁자였던 박영선 전 장관이 "장기 프로젝트로 여기에 동의한다."고 하면서도 "당장 할 수 없는 단점이 있다."고 사실상 불가하다고 했는데...

아무래도 이상했다.

이재명 후보가 밝힌 서울지하철 1호선 강북지역 지하화 사업구간(청량리역~도봉역)은 지난 4·7 서울시장 보궐선거 때, 우상호 의원이 공약했던 사업구간(청량리역~창동역)에 비해서도 3㎞가량 더 길다.

그럼 더 힘든 것인가?

지상 위 철로에 기차들 전철들 다 다니면서 50m 이하에서 이루어지는 대심도 지하화 공사인데... 서울역 노량진역 구로역 등 중요 역사에는 여유 공간들이 충분한데... 왜 대심도 지하화 공사에 난제인가. 대심도에 대구간 공사를 먼저 완성한 후에, 지하로 먼저 다닐 수 있게 하고 나서 이후에야 지상부로 연결하면 되지 않을까...

왜 공사기간에 지상 노선을 멈춰야 하는가? 지하를 다 뚫은 뒤, 지상부에 연결만하면 되고, 대구간 즉, 지상에 여유 공간이 있는 곳들만 먼저 공사하고 나면, 지상 노선에도 여유가 생기는데...

다들, 막대한 사업비 조달도 문제라고 한다. 어떤 이들은 사업비가 진짜 더 큰 문제라고 한다. 지난 2013년 서울시 용역에 따르면, 서울 시내 전체 철도 중 지상구간 118.1㎞ 지하화에 드는 사업비는 38조원으로, 이 중 국철 구간 86.4㎞의 지하화에만 32조6000억 원이 소요되는 것으로 나타났다.

민주당 대선 경선에서 중도사퇴한 정세균 전 국무총리가 '5대 도시철도 지하화'를 공약하면서 내놓은 서울역에서 군포 당정역 간 31㎞ 구간 지하화 사업비도 13조6540억 원. 이재명 후보가 공약한 지하철 1호선 지하화 구간의 길이가 29.3㎞로 이와 비슷한 만큼, 단순계산해도 최소 13조원 이상이 필요하다는 결론이다. 건설업계의 한 관계자는

"문재인 정부 들어 급등한 지가를 고려하면 훨씬 더 많은 사업비가 들 수도 있다."

언론에서도 이런 식으로 보도됐다. 돈이 많이 든다?

이해가 안 간다. 지하화 하는데, 지가(地價) 즉 땅값이 많이 들어서 훨씬 더 사업비가 많이 든다고 한다.

참 알 수가 없는 얘기가 아닐 수 없다.

지하 50m 이하에 철도 밑에 무슨 땅 값이 든다는 것인지. 철로가 지하화 되면, 대심도 지하화가 된다면, 최소 지상에 [약20m x 노선길이] 만큼 지상부지가 생긴다. 주요 큰 역에는 수 만평씩 거대 땅들이 생긴다.

그 땅 값은 어디로 갔나??

지하 대심도에는 보상할 주인도 없고 ㅠ 지상에는 땅들만 생기는데... 공사비만 드는데... 무슨 사업비가 왜 늘어날까.

나만 이상한가.

복층, 도로와 철로 융복합해야

세계인들이 서울을 미래도시라고 말한다고 한다. 그만큼 편리하고 잘 개발되었다는 뜻이다. 인천국제공항을 가다보면 연육교가 나온다. 지상위로 8차선이 있고, 아래층에 왕복 복선 철로와 4차선 도로가 또 있다.

어차피 대심도 공사는 굴을 연이어 파는 공사가 된다. 대심도 지하화 공사를 할 때, 서울에서 인천, 또는 서울에서 수원 등 교통밀집도가 가장 높은 공간에 뚫는 굴착 공사라면, 고속화도로 왕복6차선과 복선 이상의 철로를 같이 넣는 '도로+철로 융·복합 공사'로 하면 어떻게 될까. 어차피 땅 값도 안 드는데...

좀 더 넓게 뚫어서 새로 터널 상부에 도로도 만들고, 하부에는 철로도 만들고...

대한민국의 땅 속 굴, 터널 뚫는 기술은 세계 최고 수준이다. 세계 최고 기술은 물론 그 공사를 맡아서 할 업체들조차 여럿이다. 아마 역

개발권, 그 땅 값을 전제로 지하화를 검토시키면 당장 멋진 청사진을 가져올 것이다.

계산기 두들겨 보면 안다. 돈 된다는 것을...

당장 노량진역 주변만 해도 10만평 내외의 아주 귀한 사업부지가, 좋은 땅이 생길 것이다. 한강변 바로 그 옆에... 여의도가 평당 약1억 원 이상 간다는데... 10만평이면? 단순계산으로도 10조 아닌가?

서울역, 영등포역, 구로역, 온수역 등등은 또 어떤가... 역세권이 아닌, 아예 역에 수 만평 단위의 땅이 생기는데 [n만평 x 평당1억원] 수 십 조원의 역 부지가 생기는 일이 아닌가. 최소 30조 원 정도는 지상 위 역에 있는 것 같다.

게다가 철로선은 어떤가. 그 길이와 가로나비만큼 지상 위에 좋은 땅들이 또 만들어 진다. 1km 당 계산을 대충 해보면 철로교차선 등 평균 약20m를 가로로 잡으면 1km당 [1000m x 20m = 20,000㎡] 20,000㎡을 3.3058로 나누면... 약6000평. 평당1억 원에 가까운 땅 6000평이 생긴다. 즉, 1km당 6천억 원 가치의 지상부 공간이 생긴다는 것인데... 서울역에서 온수역 17.3km 구간이라면 역 빼고, 철로 구간만 10만평의 땅이 새로 생긴다. 10조 정도의 가치가 발생한다.

여기에 도시단절을 극복하는 부가수익도 있다. 또 지하도로를 융복합해서 같이하면 교통밀접지를 소통하게 하는 추가 도심고속화 도로도 생긴다. 서울-인천, 서울-수원간은 최고의 교통량이 보장되는 구간에 고속화도로와 철도, 한번 공사에 두 수익원의 구조. 거기에 역세권 개발 수익. 다시없는 훌륭한 민간자본 투자 사업이 될 것이다. 공사비 등의 회수기간을 30년을 기준으로 볼 때, 이처럼 투자가치가 분명한 SOC 사회간접자본 투자 사업이 있을까?

2중 3중 이득이요 1타 3피의 사업인데...

초고가의 땅이 생기는 공사에 공사비가 문제라서 못한다니 참으로 이해가 안 간다. 진짜 민자 유치나 세금을 투입해볼만한 사업이 아닐 수 없다.

다들 계산기나 제대로 두들겨 봤는지 ㅠ

가끔 SRT를 이용한다. 수서역을 가보면 고속철도나 그 어떤 역도 지하로 들어가는데 문제가 될 건 없는 것 같다. 수서역을 보면서 늘 생각한다. 미래 노량진역을.

그렇게 지상 위에 최고의 부가가치를 지닌 랜드마크로 노량진 일원을 다시 만들고 싶다. 보라매공원, 국립서울현충원, 사육신묘, 노량진수산시장 등이 동작구에 있지만... 노량진역과 노량진 일원에 큰 그림이 들어서면 서울의, 아니 대한민국의 명물이 될 듯해서다. 노량진역은 우리나라 최초의 경인선 출발역이요 한강에서 가장 유명한 나루터 중의 하나가 아니었던가. 꿈은 이루어진다고 했으니,

꿈만 꿔야 하나? 꿈이라도 꿔야 하나?

동작애 봉달이 愛 유용

6thi

요즈음 가장 핫한 숫자는 4가 아닐까 싶다. 4차 산업혁명을 이야기한다. 사물 인터넷이니 ICT 정보통신기술은 잘 몰라도, 요즈음에는 우리 농민들조차 4차 산업혁명을 얘기한다. 우리 동네 동작구에는 별로 없지만, 인근 구로디지털단지역 등 그 주변은 원래 오랜 공업지역이었다. 지금 그곳은 첨단지식산업센터 일명 아파트형 공장들이 들어서있다. 4차 산업혁명이 시작되었고, 젊은 층들이 가장 선호하고 또 젊은 층들의 일자리가 풍요로운 곳으로 자리 잡았다.

기술은 산업을 발전시킨다. 산업은 그 지역 발전을 위한 핵심 중의 핵심이 된다.

동작구에는 어떤 산업이 필요할까? 4차 산업의 혁명이 시작되었고 지나가는데 우리 동작에는 4차 산업의 흔적도 없다. 노량진 학원가는 코로나19와 이어진 델타변이 오미크론 등등의 바이러스 팬데믹으로 직격탄을 맞았고 앞으로 이러한 삶은 언제 끝날지 또 언제 다시 몰려올지 두렵기까지 하다.

'아예 6차 산업은 어떨까?'

5차가 뭔지도 아직 모르겠는데... 요즘 6차 산업이 핫 하게 다가온다. 1차 농업 · 2차 가공 · 3차 유통 서비스 산업을 융합한 개념으로 1+2+3=6. 그래서 6차 산업이다.

사실 농촌은 벌써부터 '4차'보다는 '6차'다. 농민들이 더 관심이 많은 6차 산업은 실상 농촌융·복합산업으로 시작되었다고 보면 된다. 6차 산업이란 농촌에 존재하는 모든 유·무형의 자원을 바탕으로 농업(1차 산업)과 식품, 특산품 제조가공(2차 산업) 및 유통·판매·문화·체험·관광을 서비스(3차 산업) 등과 연계함으로써 새로운 부가가치를 창출하는 활동을 말한다.

정부에서는 이미 2014년부터 '농촌융복합산업 육성 및 지원에 관한 법률'을 마련해 6차 산업을 지원하고 있다. 6차 산업 체계를 갖추고 시행하고 있는 농장과 농업법인과 같은 농업경영체에는 '6차 산업 사업자 인증'을 수여해 연수 기회를 주거나 농업 박람회나 판매 행사 참가 우선권 등 여러 가지 혜택을 준다.

코로나로 6차 산업을 다시 한 번 생각하게 되었다. 농촌은 농촌대로

도시는 도시대로 6차 산업이 꼭 필요하다는 것을 깨닫고 이를 어떻게든 적용해야겠다고 마음먹게 된다.

이런 생각의 시작점은 동작구내 상도역에 있었다.

소음과 지하 냄새. 뭔가 텁텁한 지하철 역사(驛舍) 속에, 조금 과장해서^^, 시골에서와 같은 청량한 냄새가 가득한 공간이 들어섰다. 노지(露地)의 수십 배 효율을 자랑하는 식물공장, 일명 스마트팜이 상도역 내에 생겼다고 해서 가보았다. 그리고 거기 그 모습을 보면서 미래를 생각했다.

코로나로 혼밥과 배달이 늘고, 밀키트로 한 두 끼 식사거리를 간편하게 포장해서 파는 것들이 급속도로 늘었다. 아니 대세다. 대형마트에서도 편의점에서도.

그 역사적인 배달의 민족이 아닌, '배달의 민족' 이용자들답게 식문화에 배달도 늘고, 코로나19 팬데믹으로 인한 생활의 변화에 식문화 분야가 더욱 크게 변하고 있다. 그런 식문화 유통과 기후변화, 바이러스의 침해, 교통문제 등으로 유통과 냉장 및 냉동 창고, 식품 가공 공장 등에서 '첨단6차산업센터'가 떠오른다.

아파트형 공장 '지식산업센터'처럼 무공해 저오염 청청 '첨단6차산업센터'를 만들고 양질의 일자리를 만드는 것. 식가공품의 생명인 빠른 유통 즉 인구밀집 도심 가까운 곳에 첨단 6차 산업 센터가 자리해야 한다.

지하에 열이 필요한 식물공장과 열을 빼고 냉기가 필요한 냉장 및 냉동 창고. 그리고 편리한 식가공품 공장라인과 연구시설, 오피스, 판매 홍보 컨벤션, 이커머스 등 서비스와 미래농업교육코칭시설과 도심형 '첨단6차산업지원센터' 등의 지자체 지원 프로그램을 넣는다면?

가슴이 벅차지 않은가.

아무리 코로나 파동이 더 커진들, 비나 눈이 몰아쳐 와서 길이 다 막혀도 우리 동네는 도심형 '첨단6차산업센터'가 여럿 있다면, 먹을 것 걱정은 조금 덜 수 있을 듯하다. 인구 밀집지에 일자리도 생기고, 유통거점들이 있어 식가공품 신선도에도 좋고, 지역 농촌과 연계하는 거점으로 활용되면, 판매와 더불어... 에너지, 운용 효율 면에서도 매우 유리할 듯하다.

동작 6thi. 6th industry. '첨단6차산업센터' 미래가 보이는 듯하다.

1학년 입학생 대비 졸업생 비율은 20% 정도이고, 그 20% 중에서도 4년 만에 졸업하는 학생은 그 중 절반 수준이라고 하니... 10%쯤? 입학 대비 졸업이 20%면 꽤 어려운 곳이 아닐 수 없다.

공부와 거리를 두고 살아 온 중·노년층이나 바쁜 직장인이 학생의 대부분이라서 그럴지도 모르지만 그래도 힘들다. 꽤 어렵다는 것이다. 학사관리가. 원격대학 중에서는 엄격한 편이라 그렇다고 한다. 국립대학이라서인 듯. 20%는 신입학생 수치이고, 편입학으로 입학한 경우까지 더하면 졸업률은 훨씬 더 낮아진다.

그래도 그 시간. 일명 방통대 시절. 꼬박꼬박 들어야 했던 통신교육. 1972년 한국방송통신대학설치령이 제정될 당시 공식 약칭은 '통신대학'이었다. 사람들은 그저 방통대로 줄여 부르는 것에 익숙해졌다. 1985년 TV방송을 개시하기 전까진 라디오방송만 했기 때문에 통신대학으로 불린 것이다.

한번 익숙해지니

방송 이후 방송대라 아무리 얘기해도 통신대에서 방통대로 약간 움직였다. 오죽하면 학교 자체적으로는 공식 홈페이지를 통해 '방송대'라는 약칭을 쓰고 있고 입학식이나 오리엔테이션에서도 '방송대'가 올바른 약칭이라고 강조한다. 한국방송통신대학교의 위성방송 명칭도 방송대학TV이다.

다른 대학에 비해 등록금이 현저히 적은 편이고 대학교 다닐 시간도 빠듯해서. 그렇게 내 젊은 날과 바꾼 방송대는 국립대학인데다 개방대학으로 등록금이 매우 싼 원격대학 중에서도 독보적으로 저렴했다. 그리고 훗날 그 빡 센 공부하기는 대학원 석·박사 과정을 쉽게 미리 단련 시켜줬다. 중앙대학교. 그러고 보니 학교는 국립 한국방송통신대학에 중앙대학교 대학원. 그래도 대한민국 중심에서 치열하게 산 것 같다.

한국방송통신대학 동문들이 꽤 많다. 그런데 문득 글로벌 시대, 노량진 학원가를 보면서, 중앙대학을 보면서. 숭실대학교의 원격대학을 보면서...

어쩌면 우리 동작에 세계 제1의 학원을?

국제적인 그 무엇인가가 없을까 생각에 생각을 더해본다.

노량진 일원의 오래된 학원가는 코로나로 직격탄을 맞았지만 그래도 여전히 대한민국 최고의 학원가다. 그 학원가의 전통과 역사, 오래된 생명력의 뿌리는 어디로 사라지지 않는다. 그 시장을 글로벌로 보고, 그 수단을 방송으로 본다면?

요즘 OTT 즉 인터넷으로 보는 주문방식의 콘텐츠 시장이 대세 중의 대세다. 넷플릭스에 오징어게임은 전 세계 84개국 1위를 한 달가량, 무려 억, 억 소리 나는 시청자 수와 각 나라에 오징어게임 붐을 일으켰다. 한국 드라마와 콘텐츠들은 1위부터 10위권에 수편이 계속 자리 잡고 K 콘텐츠의 위력을 발휘하고 있다. 그런 저력에 더해. 이제 우리 노량진 학원 콘텐츠 노하우가 빛을 발휘할 수 있는 시기가 아닐까.

위기를 기회로 만들어야 한다.

세종대왕 만세요~ㅇ

외국에서 난리다. 한글과 한국어를 배우겠다는 사람이 늘고 있다. 몽고에서는 대학생 중 무려 50%나 한글을 찾고 있다는 유튜브 방송에 그럴까 싶은데... 지금은?

우리 정부 특히 문화체육관광부 세종학당재단에서는 2021년 6월말 기준 82개국 234개소 세종학당을 통해 7만 6천 여 명이 수강 참여할 수 있도록 하고 있다고 한다. 각국에서 841명 이상의 우수한 교원들이 잘 가르치고 있다고 한다. 더하여 한국문화까지 이해하고 체험할 수 있도록 하고 있다. 당연히 한글에 따른 우리 문화 전파가 아닐런지. 물론 온라인 학습도 가능하고.

그 시작은 미비했으나 그 끝은?

아직 제대로 뻗어 나간 것이 아니다. 세종학당은 2007년 처음 3개국 13개소 개설되었는데 2022년에는 약270개 내외로 확대될 것이라 한다. 아울러 최근 유행처럼 번지고 있는 메타버스를 통해서도 한글과 한국어를 배울 수 있게 준비되고 있다.

말과 글은 그 사람의 생각이자 사유 그리고 표현을 지배한다. 그래서 정체성이 되고 문화다양성에서 특히 관계 맺기로 작용한다. 모든 것의 연결점으로 작용하면서 인생을 창조하고 계속 성장하는 기회를 제공한다. 그래서 말과 글을 통해 그 사람의 소속이 결정되기도 하는데 그래서 자동적으로 그 말과 글의 나라 사람, 그 말과 글의 나라를 동경하는 사람이 된다. 그 문화를 향유하게 되기에 그 소속이 되어버린다.

한글과 한국어. 가히 세계화 시대다. 이는 문화강국 대한민국 구현이다. 우리의 열린 사회, 글로벌 관계망의 구축이 아닐 수 없다.

아, 그러고 보니. 얼마 남지 않은 미래가 보인다. 바로 우리말과 글을 사랑하고 우리의 문화를 익히려 하는 사람들. 그 우리 문화에 속한 세계인들이 어디로 갈까? 어디로 올까? 어떻게 오갈까? 그런 마음에 조금 급해진다.

우리 동작구에 그들은 올까?

그들이 오게 할 방법은 없는가? 그들을 위해 우리는 무엇을 해야 할까. 그저 한국말과 글이나 잘 하고 있으면 될까?

최근 노량진 학원가가 코로나 된서리를 맞고서 온라인 학습은 노량진의 적이 되기도 하고 편이 되기도 한다. 오랜 노량진 학원가의 텅 빈 강의실들이 위기의 상징이라면, 노량진 학원가만의 노하우는 인터넷 온라인 학습 시장을 주도하는 새로운 비전이 되기도 한다. 변화하지 않으면 살아남을 수 없다. 오프라인 동작구의 노량진 학원가도 마찬가지일 것이다.

품격 있게 가꿔야 한다. 한글의 예술화, 산업화 그리고 공간적 재생을 확산해야 한다. 메타버스도 AI도, 말과 문자의 알고리즘 언어 산업이다. 학습, 학원 다 산업이다. 우리 동작에 있는 자산이고 활용할 무기다. 자원이다.

세종대왕께서 훈민정음을 창제하셨듯 한국의 새로운 문화, 세계인을 위한 새로운 디지털 학원가는 동작에서.

우리가 만들어야 하지 않을까.

충절순례길

모방은 창조의 어머니라고 했는데. 방송을 보면서 멤버들이 순례 길을 걷고 있는 순례자들에게 저렴한 가격에 식사와 숙박을 제공하고 그들과 얘기를 나누는 tvN 예능 프로그램 '스페인 하숙'을 보면서 떠오른 것이 있다.

내가 좋아하는 차승원, 유해진, 배정남 등이 하숙집 운영을 하면서 한식을 소개하고 저렴한 숙박비와 식사비로 순례 길에 나선 사람들에게 작은 도움을 주고 이야기를 얻는다.

순례자는 보통 순례 길을 걷는 사람을 일컫는다. 순례는 종교적인 의식이다. 먼 길. 그 길을 간다. 길은 길다.

그래서 길인가?

그 길에 긴 인생 이야기를 함축하는 깨달음이 있다. 덩어리들. 덩어리 된 삶의 응어리들이 깨지고 깨지면 도달한 그 무엇, 매달려온 그

느낌이 깨달음이다. 거기 소리 음(音)이 있다.

아, 하는 감탄이다.

그 감탄사는 순례의 길 마다에 주렁주렁 매달려 있다. 그 생경한 풍경. 낯선 느낌에서 이 세상에 온 삶의 자취가, 지나가고 나면 벌써 잊어야 하고 잊히는 그 과거와 찰나의 순간으로 밟히는 지금 걷고 있는 현재라는 거리, 길거리… 이야기 줄거리 어느 한토막이라도 되려나. 그 현재가 머문 거리에서 더 낯설게 다가오는 가야할 곳. 그 길을 보며 겨우 배낭에 챙긴 무엇들만으로 무작정 걸어가는 것. 그것, 그것이 인생살이인 듯

그래서 순례 길은 길 마다에 많은 깨달음을 감탄사로 뱉게 하고, 그 뱉거나 담거나 느낀 것들이 삶에 대한 이해와 내 생에 대한 작은 용서가 되어 준다.

그저 걷는 것일 뿐

이것이 종교적으로 깨달음을 얻는 과정, 순례길의 매력이다. 기독교의 경우 과거 유럽에서 예루살렘까지, 이슬람교에서는 성지인 메카를 순례하는 것이 평생 꼭 한 번은 해야 하는 의무이기도 하다. 최근

에는 종교적인 곳이 역사문화와 어우러지면서 많은 생각들을 정리해 주는 특화된 순례길이 발달하고 많은 사람들이 찾는 관광지가 되고 있다.

역사문화. 그 담긴 스토리텔링, 이야기는 하나의 거대한 ST 산업이 되고 있다. 나는 정보통신의 IT, 생명공학 바이오테크의 BT, 나노테크의 NT, 컬쳐테크의 CT에 감히 스토리텔링 ST를 미래 첨단산업, 우리 미래 먹거리라고 생각해 신조어(新造語)로 말한다.

우리 동작구에는 대한민국 최고의 ST 산업 기반이 있다. 국립서울현충원과 한민족 역사 속 충절의 상징 사육신 묘, 사육신 공원이 노량진과 한강에 맞닿아 있다.

얼마나 될까?

노량진 사육신공원에서 동작동 현충원까지. 약 5km 정도. 관광객들이 걷고 달리기에 딱 좋은 거리. 한 시간에서 한 시간 반 정도? 학생들에게도 한국 역사문화를 찾는 이들에게도 뭔가 남을 만한 코스가 아닐까.

이런 순례길도 의미가 있는 것인지 모르겠지만 나는 만들고 싶다.

157km

서울이다. 대한민국의 수도 서울을 한 바퀴 휘감는 둘레길. 총 연장 157km의 서울둘레길은 8개 코스로 서울의 역사, 문화, 자연생태 등을 스토리로 엮어 국내외 탐방객들이 느끼고, 배우고, 체험할 수 있도록 조성한 도보길이다.

서울둘레길은 좋은 코스다. '숲길', '하천길', '마을길'로 구성되어 있다. 최근 건강에 좋은 걷기 보다 더 건강해지는 걷기 운동으로 노르딕워킹이 있다. 노르딕워킹은 스틱을 이용해 걷는 것으로, 핀란드 스키 선수들이 여름에도 몸의 컨디션을 유지하기 위해 개발한 운동법이다.

한국에서 국제, 세계경기연맹 단체를 추진하고 있다. 그들에게 세계 노르딕경기 코스를 권했다. 157km 서울둘레길이 있다. 마라톤이 42.195km인데. 사이클 자전거 대회도, 오프로드 자동차 횡단 대회도 있으니까

157km 서울둘레길을 노르딕워킹으로 걷고 또 걷게 해서, 세계 건강걷기 대회의 상징처럼 만들어 달라고 했다.

서울둘레길 곳곳에는 휴게시설과 북카페, 쉼터가 이미 만들어져 있다. 시민들이 자연스럽게 휴식을 취할 수도 있고, 전통 깊은 사찰과 유적지가 연결되어 서울의 오랜 역사와 문화, 자연생태를 곳곳마다에서 체험할 수 있다.

주로 경사가 심하지 않은 흙길과 주변 서울이 다 보이는 빼어난 전경들로 서울의 자랑이 될 수 있다. 특히 누구나 안전하고 편안하게 이용하도록 잘 준비(?)된 길이다.

그 길에서 한민족의 오랜 감수성을 알게 될 것이다. 서울… 그 오랜 도시의 역사가 아픔이 삶의 궤적들이 느껴지는 그 길이. 스포츠가 역사와 문화를 만나고 삶을 만날 때 비로소 콘텐츠가 될 것이라는 생각

뜬금없지만 그래도…

한국에서 노르딕워킹은 산행+평지 건강걷기로 그 회원이 폭발적으로 늘고 있다. 단순 등산에서 더 건강한 산행으로 둘레길을 채우고 있다. 우리만 그런가. 세계인 특히 살만한 사람들, 선진국 사람들의

건강에 대한 관심은 노르딕워킹 인구가 늘어남으로 알 수 있다. 초고령화 사회를 건강하게 준비하는 의미에서도 건강 걷기는 의사의 처방전으로도 의미가 있다.

서울의 둘레길, 노르딕워킹에는 황금코스가 아닌가. 아, 또 있다.

한국에 세계 최고의 노르딕워킹 코스가 있다. 서울둘레길 157km만큼 의미가 있으며 세계인들이 좋아할 만한 코스, 그 길. DMZ이다. 그 길은 순례길이다. 세계 평화의 상징. 그 상징은 한민족에게는 분단의 비극이지만 극복의 상징이고 미래 평화의 순례길이 아닌가?

'아, 그 길도 걷고 싶은데...'

자금성과 경복궁의 크기에

자존심이 상해서. 다 찾고 뒤져봤다. 오늘날 인터넷은 뒤지면 뭐든지 나오는 지식의 보물 창고다. 필요한 정보를 얻고 여러 분야 지식의 기반이 되는데 약간의 손가락과 시선 집중이 필요하다. 대한민국이 세계적으로 IT강국이니 어디서나 인터넷을 빠르고 안정되게 이용하고 누구든 필요한 정보에 접근할 수 있으니 얼마나 좋은가.

언젠가 유명하신 분들이 자금성과 경복궁을 비교하는 방송을 본 것 같다. 그 규모를. 경복궁을 중국의 자금성과 비교하면서 흔히들 이런 좀 창피한 표현을 한다.

"경복궁은 자금성에 비하면 작은 궁 정도 크기 밖에 안 된다."

가끔씩은 해설하는 분들도 덩달아

"자금성이 비하면 많이 작긴 하지만 나름의 특징이…"

이런 식으로 운을 떼기도 한다. 경복궁이 자금성에 비해 얼마나 작은지... 한 번 알아보면.

자금성 크기를 찾아보니 동서로 760m, 남북으로 960m, 72만m^2의 넓이에 높이 11m, 사방 4km의 담과 800채의 건물과 일명 9999개의 방, 실제로는 8707칸이라고 한다. 그들(?)식 뻥이 조금 섞여 9999칸의 방이 된듯하다. 어쨌든 자금성은 500년에 가까운 세월 동안 대륙의 정치적, 상징적 수도였다.

경복궁은 동서 500m, 남북 700m로, 면적은 43만 2,703m^2다. 대략 자금성이 경복궁의 1.5배 크다. 그 땅 크기가.

"경복궁이 자금성의 작은 궁 크기 밖에 안 된다."

이 말은 틀렸다. 그런데

'왜 경복-궁과 자금-성을 비교하지?'

도무지 알 수가 없다. 왜 자금성과 경복궁을 비교하는 가? 궁(宮)은 궁(宮)과 비교하고 성(城)은 성(城)하고 비교해야 하지 않을까?

자금성에도 주요 사방에 문들이 있고, 궁과 태와 전각들이 있다. 한성도 그러하다. 자금성과 한성을 비교하면? 감히 비교가 안 되어 버린다.

기록을 찾으니... 서울 한양도성(서울 漢陽都城, Fortress Wall of Seoul)은 조선 시대 한양을 둘러싼 도성(都城)이다. 좁은 의미로는 서울을 둘러싼 성곽과 문을 지칭하나, 넓은 의미로는 성곽과 그 안의 공간을 말한다. 조선 시대에는 줄여서 한성(漢城)으로 불렸으며, 사적으로서의 명칭은 지정 당시 서울성곽으로 정했다가 2011년 현재의 명칭 한성으로 바뀌었다.

즉 인의예지신 오대문과 그 둘레 성곽이 한성의 규모 기준인 것이다. 아, 크다

유네스코에 등재된 자료에는 현존하는 세계수도의 성곽유산 중 전체 길이가 18.627km로 규모가 가장 크며, 현재 10.8km의 구간이 원형 또는 복원된 상태로 보존되어 있다. 각 시기별로 축조 형태와 수리기술의 역사적 증거가 기록과 함께 실물과 유적으로 남아있다고 한다. 이런 곳 한성이 동서500m 남북700m 즉 둘레 2400m 즉 2.4km의 자금성하고 어떻게 비교가 되나.

"성은 성하고 궁은 궁하고 비교해야 맞지."

사당에는

사(舍). 집, 머무는 곳, 관청을 뜻하고 당(堂)은 집, 마을 향(鄕)의 학교를 뜻한다. '조상의 신주를 모신 곳'이라는 의미의 사당(祠堂)인 줄 알았다가 '집이 많은 곳'이라는 의미의 사당(舍堂)이라는 것을 알고.

왜?

하는 마음에 자료를 찾아보니, 사당동에는 큰 사당이 있었다. 1914년 당시 능마을 · 동산마을 · 양짓말 등을 병합하여 사당리라고 부르다가 1963년 경기도에서 서울특별시로 편입되면서 사당동이라 부르게 되었다고 한다. 까치고개 즉 작현(鵲峴) · 일명 가추개로 옛날 이곳에 수목이 우거지고 까치가 많아서 붙여진 이름이란다. 큰 은행나무가 두어 그루 있다고 하여 은행나무 골이라고도 했다.

지금의 사당동 사거리 사당지하철역 일대는 도당(都堂) 터다. 1970년대 초까지도 느티나무를 동신(洞神)으로 받들고 해마다 고을의 안녕과 풍년을 기원하였다고 한다. 그러나 큰 도로가 생기면서 느티나무는 뽑히고, 도당할아버지와 할머니의 화상(畵像)은 남현동의 관음사(觀音寺)로 옮겨갔다.

최근까지도 이 화상(畵像)을 모시고 치제(致祭)하였으며, 그 비용은 각 가구마다 쌀 한말씩을 모아서 댔다는데, 조금 모자라게 쌀을 이고 오면 오다가 넘어져 부상을 당한다고 하여 감히 양을 속일 수 없었다고 한다. 정직한 것을 몸을 가지고 가르치는 곳이었다.

옛날 작은 동산이 있었다 하여 붙여진 지명으로 현재 사당동 1038번지 관악시장 일대의 동산말. 현재 사당3동 219번지 일대로 해가 잘 드는 양지바른 곳에 위치하고 있다 하여 지금도 이곳 주민들은 양지마을이라고 부르기도 한단다.

아, 슬픈 가마니촌도 있었다. 6·25전쟁 이후 난민들이 가마니를 덮은 움집에서 어렵게 살았다. 사당2 · 3동 산동네 무허가 판자촌이었는데 1980년 재개발사업으로 지금의 우성아파트와 삼익아파트 일대이다.

사당동 산44번지 일대에서 봉천동으로 넘어가는 원당고개는 동래정씨 문중과 전주이씨 문중이 사당 고을을 서로 자기 땅이라 하여 소송이 붙자 당시 이 고을 원님이 이 고개에 앉아서 각각 고개의 반씩을 소유토록 판결을 내렸다고 하여 붙여진 이름이다

수라간이라는 한국전력남부지점(사당동 1041) 뒤에 있던 우물 옆 터가 있다. 옛날 정조임금님 능 행차 할 때, 이곳에서 수라 즉 식사를 하셨다고 하여 붙여진 지명이다.

아, 그래서인지 사당동에는 먹거리 집들이 풍부하다.

능내라는 곳도 있다. 현 사당동 239~241번지 정씨문중 묘역이 있어 붙여진 지명이다. 조선 중, 후기 재상인 정창연, 정유길, 정광성 등의 묘비가 서울특별시 유형문화재 61~63호로 지정되어 있다.

벌명당이라는 곳이 있는데, 자료를 보면, 사당동 동래 정씨 문중의 묘가 있는 지역으로, 옛날 나라에서 묘 자리를 정하려고 지관(地官)을 시켜 지형을 살피게 하였는데... 이 지역이 명당임을 알았다고 한다. 지관이 이 사실을 임금에게 고하려 할 때, 당시 영의정 자리에 있던 정씨 성을 가진 사람이 이것을 알고 다른 곳을 찾고 이곳을 숨기도록 부탁하였다고 한다.

지관이 영의정에게 자기가 동재기나루를 다 건널 무렵에 그 곳을 파보라고 하였다. 지관이 동작진(銅雀津)을 다 건넜으리라고 생각되었을 때, 땅을 파보니 커다란 벌들이 수없이 나와 지관에게 날아가 지관을 쏘려 하였다. 이를 피하기 위해 재빨리 독을 뒤집어쓰자 벌들이

독에다 침을 놓고 어찌나 침이 강하던지 독은 깨지고 벌들이 죽었다 한다. 그 뒤 영의정이 죽어 그 자리에 묘를 쓴 뒤 9대를 두고 내리 정승이 나왔다 한다. 터가 무척 세다. 그런 소리를 듣고 자랐다.

삼일(3·1)공원도 있다. 한국 최초의 여기자인 최은희씨가,

"3·1운동 당시 여성참가자는, 직접 일병의 총칼에 대결했던 홍안의 소녀들이 이제는 귀가 멀고, 눈이 어둡고, 허리가 굽은 할머니가 되었으나 나머지 기백을 다시 모아 망각 속에서 사그라져가는 그날의 분노와 저항을 되새기면서 쇠잔한 몸이지만 나머지 생애에서 무엇을 조국에 바칠 수 있을까."

하는 마음으로 1967년 4월 15일 동아일보에 <독립공원을 설립해야 한다>는 글을 투고하고 박정희 대통령에게 건의하였다고 한다. 정부는 1967년 5월 15일 공원을 지정하고 1989년부터 1990년까지 공원을 조성, 현재에 이르고 있다. (동작문화원 홈페이지 인용)

내가 살아온 곳, 사는 곳, 살아갈 곳의 소중한 이야기들 조금씩 알아가고 산다. 다행이다.

크면 싸우는데

사당역 이수역은 동작대로 상에 있는 역들로 2호선이 먼저 개통하고, 이후 4호선이 개통하였고 7호선도 연결됐다. 사당역 역무실은 서초구 방배동 관할이고, 위치는 동작구 사당동, 서초구 방배동 그리고 관악구 남현동 이렇게 3개 법정동의 경계점에 위치한다. 근데 주소는 동작구 사당동이다.

의외로 큰 역이다. 유동인구가 많다. 그래서인지 오가는 사람들이 많고 정거장들도 많고 크다.

사람 많기로는 우리 집도 그랬다. 4대가 함께 살았다. 가족이 화목했느냐 물으면 가족보다 친족들이 대부분 화목했다고, 아니 화목한 것으로 해야 했다고 말을 했다. 어려운 친인척들을 다 건사하신 아버님 덕분이다.

사당동에는 최씨 고씨 강씨 씨족 분들이 많이 살았다. 그때 그 시절에. 그 분들 모두 다 화목하게 살기도 하고, 아니기도 하고. 동네방네

소문나는 형제간에 재산 때문에 싸우고, 그 소문에 지역 삶이 민망할 때도 적지 않았다. 어려울 때, 우리네 삶들이 다 그러했다.

잘 보면, 재산이 커지면 싸운다. 교회도 문중도 하여간 그런 경향들이 나온다. 그런데 재미있는 것은 사당역이 이곳저곳 나누어져 있다 보니 싸우기가 그리 만만하지 않다. 나뉘어 있다는 것. 나눈다는 것. 이것이 싸우는데 뭔가 장애가 된다. 미리 나눈다고 마음먹고 보면 적절하게 양보해야 한다는 것을 마음속에 담고, 독식이나 독단을 막아 준다.

나눔의 미학은 양보의 시작이고 화목의 원천이 아닌가 싶다.

내 삶의 목표 중의 하나가 싸우지 않기다. 내가 양보하자. 내가 양보하고 사는 이유가... 우리 형제가 5명인데 양보하지 않고, 어울리지 않으면 집안이 콩가루처럼 흩어지게 된다. 그래서 콩가루도 뭉쳐놓은 찹쌀 인절미처럼 중심은 양보해야 한다.

그 대신 마누라에게는 미안해진다. 내 양보. 알면 섭섭할까봐서 애초 말 안 한다. 알면 심란할 텐데 아예 모르면 나을 듯해서다.

아는 게 병이고 모르는 게 약이 될 때도 있다. 양보는 그렇게 모르게 하는 것이 좋다. 그리하면 잘 어울리게 되고 화목이 찾아온다.

화목(和睦)은 서로 뜻이 맞고 정다운 것이다. 화목한 가정, 동네는 한자에 그 뜻이 담겨져 있는 것 같다. 화(和)는 벼 화(禾) 곡물이 입 구(口)에 있으니 먹을 것이 풍족한 상태다. 목(睦)은 눈길이 온순하고 공손한 의미다. 눈 목(目)이 먼저 선(先)으로 아래 땅 토(土)를 향하여 있으니 먹을 것이 풍족하여 공손하니 싸울 일이 없다. 그래서 양보는 먹을 것, 경제 문제에서 나눠야 할 줄 미리 아는 것이다.

다 먹을 것에 답이 있다.

동재기 나루터에

가장 안타까운 것 중의 하나가 동작구에는 나루터가 여럿이었는데 남은 나루터는 하나도 없다는 것이다. 그나마 노량진 수산시장이 그 명맥을 이어간다고 할 수 있을는지. 조선시대에 이곳이 용산에서 수원으로 통하는 강을 건너는 도진(渡津)의 하나였던 동작진(銅雀津)을 '동재기나루터'라 부른 데서 동작동이 유래 되었는데. 얼마나 유명했던 곳이었을까?

오늘날 동작구 일원에 그 유명했던 동작진 나루터는 6.25 전쟁 이후 한강(漢江) 해운(海運)의 몰락(?)으로 사라지고 더 유명한 국립서울현충원으로 남았다.

흑석동에서 현재 국립서울현충원으로 넘어오는 한강변 일대에는 구리빛 색깔을 띤 돌들이 많았다. 그래서 붙여진 이름이 동재기다. 이 동재기 나루터는 조선시대 과천·수원·평택을 거쳐 영·호남으로 내려가거나 서울로 들어오던 사람들이 배를 타고 건넜던 교통의 요지였는데 이제 대한민국 충절의 상징, 국립묘지가 자리를 잡고 중앙대학교가 지역의 중심을 지키고 있다.

국가와 민족을 위해 순국한 호국영령들이 잠들어 있는 민족의 성역. 관악산 기슭의 공작봉(孔雀峰)을 주봉(主峰)으로 하여 정기어린 능선이 병풍처럼 3면을 감싸고 앞으로는 한강수가 굽이쳐 도는, 풍수상 명당 중의 명당으로 손꼽히는 43만여 평의 땅에 현충원이 자리를 잡고 있다.

애초 현충원의 시작점은 국군 전사자들을 서울 장충단공원 내에 있는 장충사에서 모셔왔는데, 6.25 전쟁 이후 전사자 수가 증가하자 군 묘지 설치 문제가 논의되었다. 1955년 7월 15일 현재 위치하고 있는 동작동에 군 묘지 업무를 관장할 '국군묘지관리소'를 창설하고 이전을 시작했다. 1956년 4월 13일 '군묘지령'이 제정되어 전국 곳곳에 이름 없는 넋으로 산재하고 있는 국군장병들의 묘지를 안장하여 현충원의 시작이 되었다고 한다.

초기 국군묘지에는 군인과 군무원만을 안장하였으나, 1965년 3월 30일 '국립묘지'로 승격되어, 애국지사, 경찰관 및 향토예비군까지 대상을 확대하여 안장함으로써 겨레의 성역으로서 국립묘지의 위상을 갖추게 되었다.

1996년 6월 1일에는 '국립묘지관리소'의 관리기관 명칭이 '국립현충원'으로 개명되었고, 2006년 1월 국립서울현충원으로 명칭이 변경되었다. 2006년 8월 31일 현재 국립서울현충원에는 국가원수 2위, 임정요인 18위, 애국지사 211위, 국가유공자 62위, 장군 355위, 장교. 사병 51,044위, 경찰 813위, 군무원 1,952위의 묘소와 103,809위의 위패를 봉안하고 있다.

대한민국 사람이라면, 한민족이라면, 아니 한국을 사랑하는 분들도 알면 좋을 얘기. 우리 동작구에서 가장 의미 있는 곳 중의 하나가 아닐 수가 없어서 자료를 찾아서 정리했다.

노량진 역사 속 충신의 대명사인 사육신공원에서 국립서울현충원까지 약 5km를 어떻게든 충절순례길로 만들고 싶다. 거기에 동재기 나루터를 일부 재현하고, 한국의 역사문화를 대표하는 상징 중의 상징인 충효를 담은 동작구의 상징들을 묶어서 역사와 전통을 지키고 이어나가는 동작구를 구현해야 한다.

누구나 걸으면서 의미를 생각해볼 수 있는 그런 순례길이 동작구에 있으면 좋겠다.

흑석동 효사정이

동작구 흑석동의 한강변 언덕에 있는 정자 이름이 효사정(孝思亭)이다. 효(孝)를 생각하는 정자라니… 의미가 없을 수가 없다. 이야기는 기록에 있다.

조선 세종 때 한성부윤 오늘날 서울시장과 우의정을 지낸 공숙공(恭肅公) 노한(盧閈)의 별서(別墅) 즉 오늘날 별장, 농막(農幕) 같은 것이 있었다. 노한대감은 모친이 돌아가시자 3년간 시묘를 하고, 한강변에 정자를 짓고, 모친을 그리워했다고 한다. 더 멀리는 북쪽 개성에 묻힌 아버지를 추모하기 위해서 북향으로 정자 시야각을 정했다고도 한다.

효사정이라는 이름은 노한대감의 동서였던 이조판서 강석덕(姜碩德)이 붙였고, 그의 아들 강희맹(姜希孟)은 효사정기를 남겼다고 한다.

원래의 효사정은 사라지고 지금의 효사정은 1993년 흑석동 한강변을 끼고 있는 낮은 산에 신축한 것으로 일제강점기에는 그 자리에 일본의 신사인 한강신사가 있어 우리 민족의 애환이 가득하다.

효사정은 예로부터 효도의 상징으로 유명했고, 현재는 서울특별시 우수 경관 조망 장소 중 하나로 선정될 정도로 아름다운 풍광을 자랑한다.

"정자에 올라..."

시(詩) 한 수 떠올리려 생각하면, 어째 내 생각은 자꾸 순례길에 머문다. 동재기 나루터였던 동작동 현충원에서 한강변을 따라 노량진 사육신공원 그 사이에 효사정이 있으니. 마음은 시(詩) 한수 제대로 짓지 못하고 동작순례길에, 충효순례길에 머문다. 효사정에서

애 태우시던 님이
동재기 나루터에서
저승으로 떠나는 구름 배 태우고
가누나, 가는 구나

어머니 아버님 가신 거기
그리운 마음에 소식 전해줄 새들은 강상에 떠 노니는데
충절에 역적도 되고,

세월에 충신도 되니
내 다 급한 심정도 모르는 저 새들은
곧은 님 닮아 의연만 하구나

의연하신 분들이야 급할 것 없으시지만, 벌써 육십 찍고, 세상에 뜻 있는 무엇이라도 남기려, 또는 남길 수 있는지. 그렇게 애 저린 마음이 충효순례길을 그려보고 또 마음속으로는 벌써 걸어보고

'그래, 충효순례길이네.'

흑석동 효사정에 오르면 탁 트인 한강의 경관과 함께 북한산, 남산, 응봉산, 동작대교, 한강시민공원이 한눈에 다 들어오고 야경이 아름다워서 어디 관광객뿐이랴, 세계적인 사진작가들도... 사랑하고, 사랑하며... 연인들은... 또 후학들은 충과 효를 생각하고 또 생각할 것인데...

벌써 그 길을 걷고 있는 듯하다. 나는

상도동에는

상도동(上道洞)의 유래는 의외다. 옛날에는 이곳에 상여꾼이 집단으로 거주하여 '상투굴'이라고 했다고 한다. 조선시대에 성도화리(成道化里)로 불리다가 상도리, 상도정이란 이름을 거쳐 1955년 <서울특별시동설치조례>에 의하여 상도동으로 개칭되었다.

상도동에는 여기 저기 재미있는 이야기들이 많다.

상도1동 숭실대학교 아래 교차로에서 봉천동 쪽으로 넘어가는 고개 이름이 재미있다. 옛날 이곳은 수목이 울창하고, 도둑이 많아서 이 재를 넘기 전에 사람들이 잘 '살펴서 가라'고 하여 이 고개 이름을 '살피재'라고 했다고 한다.

성대굴도 있다. 상도3동 성대시장 입구에서 국사봉 골짜기까지. 옛날 이곳에 신씨(申氏) 성을 가진 부자(富者)가 살았는데… 그가 죽어, 묻힐 자리에 땅을 파헤쳐 보니 복숭아꽃이 한아름 나왔다고 한다. 그 때부터 성도화리(成桃花里)라고 부르다가 차츰 성도아리, 성도리, 성대리로 변천되었는데 그래서 성대시장이 아주 오랜 세월을 그 자리에 자리 잡고 있다.

상도동에는 고개가 여럿이다.

상도4동 국사봉중학교에서 봉천동으로 넘어가는 고개 이름이 능고개다. 이 지역은 지금의 지덕사가 중구 도동에 세워져 양녕대군 지덕사 문중도 거기 같이 있었으나 워낙 살림이 빈궁하여 끼니를 제대로 잇지 못하였는데... 어느 추운 겨울날, 한 노승이 이 집 앞을 지나다가 밤이 깊어 하룻밤 묵고 가기를 청하는지라 불러들여 불을 지피고 밥 대신 죽을 끓였으나 그 양이 적어, 집주인은 먹지 않고 노승에게만 주었다. 이튿날 이 사실을 안 노승은 너무 고마워서 은혜에 보답하겠다며 그 주인을 데리고 현재 자리에 와서 "장차 죽거든 이곳에 묘를 쓰라"고 일러 주었다고 한다. 그로부터 몇 년 후, 그 주인이 죽자, 스님이 가르쳐준 고개에다 묘를 썼더니... 그때부터 자손이 늘고, 가세(家勢)가 일어났다고 하여 능고개라 한다.

상도2동 대림아파트 옆에서 노량진으로 넘어가는 고개 이름은 만양고개다. 옛날 이 고개가 워낙 길어 '마냥 넘어 간다.'고 해서 붙여진 이름이라는데... 마냥 불러지고 있다.

능꿀이라는 곳도 있었다. 옛날 효령대군의 자제 서원군의 능이 있다 하여 붙여진 이름으로 상도1동 413, 416번지 상도성결교회 부근 일대를 일컫는데 지금은 능의 흔적도 찾아볼 수 없다.

지금의 미륵암과 숭실대학교 부근에 있던 땔감시장도 있었다. 가난한 사람들이 나무를 해다가 새벽 일찍 이 곳에서 팔고 다시 나무를 하러 갔다고 한다. 주로 장작, 솔가리 등이 매매되었으며 이곳의 부자들과 일본인들이 사갔다고 하는 나무시장도 있었다.

상도동하면 또 유명한 곳이 있었다. 한증막이다. 상도1동 288번지에 한증목욕탕이 있어 붙여진 이름으로 지금은 한증막이 없으나 버스정류장 이름은 아직도 한증막이라 부르고 있다. 한때 장안에서 제일 유명한 한증목욕탕이었다. 나도 갔었던.

꽃밭재. 일명 화전촌이 있었다. 화전민의 화전이 아니라 말 그대로 꽃 화(花) 밭 전(田) 꽃밭마을이 있었다. 상도2동 동사무소 앞 동작교육청과 영도시장 사이를 말하는 것으로 옛날 이곳에는 여러 가지 꽃들을 많이 재배하여 팔았다고 붙여진 이름이다.

내가 좋아하는 술 거리도 있었다는데 그 흔적도 보이지 않는다.

주막거리는 상도3동 우체국이 있는 지역으로 옛날 수원 안양 쪽 사람들이 한양에 가려면 이곳을 지나야 했는데 이곳에 도착하면 날이 저물어, 하룻밤을 묵고 갔다고 한다. 그래서 이곳에 주막이 많이 생기면서 붙여진 이름이다. 지금 그 옛 흔적은 없다.

그러나 술집은 몇 보인다. 내 단골이

강적골이라는 말도 낯선데, 상도4동 일부에 양녕대군 묘소가 있는 곳으로 양녕대군의 묘소가 생기고부터 그의 시호 강정공(剛靖公)의 영향으로 강정골로 불려지다가 강적곡(康迪谷)으로 변한 것이라고 한다. 오늘날 문화재로써 지역개발의 강적(?)이긴 한데...

마치고개라는 곳은 지금의 상도2동 27~29번지 일대로 임진왜란 당시 이곳에 칼과 정을 만드는 대장간이 많이 들어서면서 밤낮으로 망치소리가 끊이지 않아 붙여진 이름이다.

빈수골 일명 빙수골은 성대시장 뒤쪽 사자암 아래 지역이다. 항상 찬물이 나는 우물이 있었다고 하여 빙수골로 불려지던 이름이 빈수골로 바뀌었다고 한다. 상도동에서 이렇듯 오랜 역사들이 숨어져 있는데... 나도 잘은 몰랐다.

숭실대학교

4년제 사립 종합대학이자 개신교 미션스쿨로 한국 최초의 대학부 학교가 있다. 1897년 10월 미국 북장로교 선교사 배위량(裵緯良:W.M.Baird)이 개설한 학당이 모체이다.

교훈은 내가 가장 좋아하는 진리와 봉사다. 1901년 평양에서 숭실학당으로 시작했다고 한다. 최초 대학부로 1938년 일제의 신사참배 강요에 맞서 평양에서 자진폐교 후 1954년 서울에서 재건 됐다.

숭실대학교는 한국 최초로 전자계산학과를 신설했고, 국내 최초 중소기업대학원 설립, 국내 최초 IT대학 설립, 국내 최초 신입생 대상 교양필수 통일교과목 운영, 국내 최초 학부생 빅 데이터 전문가 양성 프로그램 등 통일교육, 정보IT 분야에서 빛나는 업적들을 쌓아왔다.

숭실대학교 부설 한국기독교박물관이 있는데 가보면 아주 의미가 있다. 장로교 목사이며 고고학자인 고(故) 김양선(金良善) 교수님이 미군정청으로부터 설립 허가를 받아 1948년 4월 20일 서울 남산에 있는 옛 조선신궁(朝鮮神宮)터에 '기독교박물관'과 '매산고고관'을 개관해서 운영한 것이다. 1950년 6.25전쟁 발발로 인하여 많은 자료가 분실되고 휴관 상태에 놓여 있다가 1953년 휴전과 동시에 다시 개관되었다.

1967년 소장하고 계셨던 자료 3,600여점을 모교인 숭실대학교에 기증해서 1967년 10월 10일 숭실대학교 부설 한국기독교박물관을 만들었다고 한다.

국보 제141호 청동 잔무늬거울 [다세문경(多細文鏡)], 국보 제231호 석제 청동기거푸집, 보물 제569호 안중근의사유묵, 보물 제883호 청동제 지구의(地球儀) 등 선사시대로부터 역사시대, 안중근 의사의 글까지. 각종 귀중한 문화재를 비롯하여 기독교 사료와 유물, 그리고 고대 중국과 일본 및 로마시대 유물을 포함한 7,000여점의 유물이 있어 놀람과 감동을 전하고 있다.

한국 기독교계 뿐 아니라 한국민족문화의 보고(寶庫)가 아닐 수 없다.

대학교육은 이제 교육을 넘어 더 많은 사회적 보조역할 수행과 함께 사회교육기관으로서 지역 주민과 각 급 학교의 현장학습의 장으로서의 역할을 수행하고 있다. 숭실대학은 미션스쿨로써 초고령 지역사회에서 새로운 비전을 꺼낼 수 있다고 생각한다.

최초의 대학부. 대학지성의 첨병, 숭실의 미래를 기대해본다.

동작구의 대통령님들

상도동(上道洞)에는 항상 YS가 있었다. 옛날 신문방송에서 정치 분야에서 '상도동'하면 YS 사저가 따라왔다. 거기에는 상도동 터널 위 언덕, 김영삼이라는 탁월한 야당 정치인이, 호랑이를 잡으러 호랑이 굴에 들어간 여당 대통령 후보가 있었고, 마침내 대통령으로, 전임 대통령의 사저로 상도동에 그 상징을 심어 놓았다.

김영삼(金泳三, 1927년 12월 20일 ~ 2015년 11월 22일) 대통령은 대한민국의 제14대 대통령이다. 대한민국 역대 최연소인 만 25세의 나이로 국회의원에 당선되어 9선 의원을 지내면서 김대중 일명 DJ와 함께 오랫동안 민주 진영의 지도자로 활동했다. 호는 거산(巨山)이고 본관은 김녕(金寧)이며 경상남도 거제도 출생이다.

박정희 정부로부터 질산 테러 등의 탄압을 받았다. 1979년 10월에는 YH 무역 여공 농성 사건 이후 타임과의 인터뷰로 미국에 요청하길 박정희 정권에 대한 지지를 철회할 것을 주장하였다. 유신정권은 이 발언을 문제 삼아 의원직 제명 파동을 일으켜 부마항쟁을 촉발했다.

닭 모가지를 비틀어도 새벽은 온다고 했다.

1983년에는 5.18 광주 민주화 운동 기념일을 기해 23일 동안 그 유명한 YS 단식투쟁에 돌입했다. 6월 민주 항쟁 이후 통일민주당 총재로 민주화추진협의회를 구성해 민주진영을 구축했다. 1986년 대통령 직선제 개헌 1천만 서명운동을 전개하였다.

목숨을 건 단식 사건은 상도동 YS 집을 전국적인 유명 장소로 만들었다.

1990년 민주정의당-통일민주당-신민주공화당 3당 합당을 선언하며 민주자유당 대표최고위원으로 추대, 여당 대선후보가 되었다. 1993년 제14대 대통령에 당선되어 취임하면서 32년 만에 군사 정권의 마침표를 찍었다. 말 그대로 마침내 문민정부를 열었다. 예술인과 작가들의 반정부와 사회비판을 허용하였다. 이런 얘기들로 감히 자료를 함축해야 할 정도로 업과적이 크다.

가히 충격이라던 금융실명제를 1993년 전격 도입하고, 군부종식 하나회를 척결했다. 지방자치제를 전면 실시하고 대한민국 임시정부 법통 명문화 등 역사 바로 세우기 정책의 일환으로 옛 조선총독부 건물을 폭파 철거했다.

전두환·노태우 두 전직 대통령의 비자금을 수사하여 처벌하였고, 군사반란과 5.17 쿠데타 및 5.18 민주화 운동 진압의 책임을 물어 군사정권 관계자들을 사법처리했다.

YS가 아니면 못할 일. 그런 일들이 개혁이었다.

그러나 1997년 외환위기로 IMF에 구제 금융을 요청하였다. 그 일로 역사에 묻힐 과오를 남겼지만. 당시 한국만의 상황이라기보다는 국제적 금융위기 상황에 미숙한 대응, 실수연발의 각료들. 그렇지만 한국민의 위기 속에서의 새로운 저력을 꺼내는 계기도 되었다. 어쨌든 IMF를 아쉬워하면서 일명 '상도동 어른'은 2015년 11월 22일 0시 22분 서울대학교병원에서 영면하셨다.

장례는 대한민국 최초로 5일 기간의 국가장으로 거행되었으며, 장지는 상도동 언덕 넘어 같은 동작구 내의 국립서울현충원에 안장되었다. 거기 동작구 현충원에는 이승만, 박정희, 김대중, 김영삼 대통령 묘역이 각각 조성되어 있다. 함께 계신다.

그곳에서는 편안 하신지요?

그래도 동작구에서는 가장 가까이 상도동에서 거의 모든 정치 평생을 다해 오시고 끝내 우리 동네 동작동 국립서울현충원에 자리하신 김영삼 대통령께서 평생의 숙적이자 동지였던 김대중 대통령, 애증의 정적이나 극복의 대상이었던 박정희 대통령 그리고 이승만 대통령과 함께 가장 굵은 현대사의 대통령으로 함께 묻혀 계신다.

상도터널 옆 김영삼센터에 대한 동작구 관심은 어느 정도일까.

우리 지역을 대표했던 우리 동네 어른이 대한민국의 현대사를 풍미하신 분들과 함께 우리 동네에 묻혀 계신다. 지금은 비록 별 것 아닌 것 같지만 우리 지역의 자산 중의 자산이 아닐 수 없다. 그가 김대중 대통령과 노무현 대통령을 권력을 잡기 전, 대권후보로... 다시 정치에 꺼내 주었다는 것에 주목해야 한다.

나는 YS를 생각하면 항상 숨겨진 두 가지가 더 생각난다. 그때 그 많은 개혁을 전광석화처럼 해내기도 하셨지만 IMF 사태라는 불의의 습격에 그 평가는 아주 박해졌다. 하지만. 곰곰이 생각해보면 숨겨진 두 가지 만큼은 그 분만이 할 수 있는 것이 아닌가 싶다.

두 가지. 1994년인가? 북한에 대한 미국의 공습을 막아 한반도전쟁을 피하게 한 것과 정보통신부다. 당시에는 정말 낯설었던 정보통신부를 만들고, 우리나라 방방곡곡마다에 광(光) 섬유 초고속망을 깔고,

뉴미디어부터 온갖 IT 정보통신 산업의 초석을 다 깔았다. 오늘날 한국이 세계 1등 IT 국가가 된 것의 기반. 정보통신부를 밀어붙여 해낸 것은 누가 뭐라고 해도 YS의 공이다.

한반도 평화와 미래 IT 산업, YS의 공은 결코 작지 않다.

대방동

동작구보다 영등포구에 더 익숙한 동네가 바로 대방동이다. 대방동(大方洞)은 원래 번댕이라 불리던 마을이었다.

자료에 보면, 행정구역상 지금은 영등포구 신길동에 있는 현 대방초등학교 자리에 큰 연못이 있었는데, 그 둘레에 마을이 형성되어 번댕이라고 불렸다고 한다. 한자로는 '울타리 번'자와 '못 당'자를 써서 번당리(樊塘里)라고 했다는데 조선 후기에 들어와 번대방리(番大坊里)로 부르다 경기도 시흥군에 속해 있던 이 지역이 1936년에 경성부에 편입되면서 번대방정(番大坊町)으로 바뀌었고, 해방 후 대방동이 되었다.

1946년 서울특별자유시 영등포구 대방동에서, 1949년 서울특별시 영등포구 대방동로 오랫동안 영등포구에서 1973년 관악구로 속해 있다가 1980년 동작구로. 이제 42년째 동작구가 되었다. 이 대방동에는 두 학교가 매우 특이한 이력으로 유명하다.

1962년에 설립된 영화초등학교가 그 첫 번째다. 그 학교에는 특별한 이력이 있었는데. 영등포중학교 교실을 빌려 개교한 영화초는 출범 당시 전국 유일의 「혼혈아 학교」로 일종의 특수학교였다. 영화초의 뿌리는 1958년 미군의 원조로 이태원에 세워진 「유엔 성자학원」이다. 「유엔 성자학원」이 경영난에 봉착하자 서울시가 이를 인수하여 대방동에 정식으로 세운 학교가 바로 영화초등학교였던 것이다. 6·25한국전쟁이 국제전으로 비화하면서 참전한 외국군과 한국인 사이에서 태어난 아이들을 교육할 기관의 필요 때문에 탄생한 학교였다.

63명의 어린이로 시작한 영화초는 출범부터 '혼혈아'들을 격리 교육시키는 것이 바람직한 것인지에 대한 논란이 끊이지 않았고, 결국 2년 뒤 64년 9월부터 일반학교로 전환하였다. 대방동, 노량진동 학생들이 대거 편입해 들어오게 되면서 특수학교로서의 지위를 상실했다.

이런 영화초의 이력은 '다문화 시대'를 사는 우리에게 많은 생각을 갖게 한다. '혼혈아'라는 표현도 지금은 사용하지 않는 말이 된지 오래다.

기록에 따르면 개교 당시 전국의 '혼혈아'는 5천여 명. 당시 보사부 등록 기준으로는 훨씬 적은 수의 1,500여 명이었다고 한다. 하지만 대부분 초등교육조차 제대로 받지 못하고 있었다. 결국 그들은 대개 외국에 입양되는 운명을 겪을 수밖에 없었다는 뒷말도 있다.

1960년대 당시 우리에게 너무 안타깝고 부족했던 이야기, 영화초등학교에는 아련한 전쟁 이후의 슬픔이 있었다.

그리고 또 하나, 화제의 학교는 바로 영등포고등학교다. 1959년 개교한 영등포고등학교는 그 이름에 붙어있는 영등포구에는 없고 동작구에는 있다. 동작구에 있는 영등포고등학교 학생들이 반독재 민주화운동에 적극 나섰던 역사로 유명하다.

'4.19혁명 당시 영등포고 1학년이었던 한무섭은 친구 이광국이 경무대 앞에서 부상당한 후 서울대병원에 입원했다는 소식을 듣고 울분을 참지 못해 동네 친구 정하웅, 이용우, 김의웅과 함께 부상자들을 돕기 위한 모금활동을 벌였다.' <동아일보> 1960년 5월 3일자 기사다.

1964년부터 시작된 한일회담반대투쟁에도 그 선두에 선다. 5·16군사쿠데타로 등장한 박정희 군사정권이 국민의 뜻을 거스르고 '굴욕적인 한일협정'을 추진하자 신속하게 투쟁의 대열을 갖추고 나선 것이다.

‘900여 명의 영등포고 학생들은 중앙청 앞까지 진출하여 박정희 군사정권의 굴욕적 한일회담 추진을 반대하는 시위를 벌였다.’ 경향신문, 1964년 3월 27일 기사다.

1965년에도 학생 시위가 계속되자 문교당국은 휴교 조치와 조기방학을 실시하기도 했다. 영등포고 학생들이 국회 앞에서 중앙청으로 가두시위를 한 기록도 있다.

영등포고 학생들의 의로운 투쟁의 전통은 1989년 '참교육'을 내건 전국교직원노동조합 결성과 이에 대한 징계 파동이 일어났을 때도 일어났다. 영등포고 교정에는 학생들의 의롭고 자랑스러운 민주화운동의 역사가 숨 쉬고 있다.

자랑스러운 영등포고가 동작구에 있다.

노량행궁 장승배기

동작구에 숨어 있는 보물 같은 이야기가 있다. 장승배기라는 땅의 이름은 삼국시대부터 있었다고 한다. 큰길에 역참(驛站)을 설치하고, 장승을 세웠던 수많은 장승배기 옛터의 기록들이 많이 남아 있다. 지금은 사라져가는 민속신앙 중의 하나이지만 예전에는 동네 어귀나 사찰 입구에서 어김없이 찾아볼 수 있었던 것이 장승이다. 장승은 경계의 표시이기도 했지만 10리나 15리마다 세워둠으로써 이정표 역할을 했으며, 특히 길 가는데 있어서 악귀를 막는 수호신이기도 했다.

흔히 장승이 서 있는 곳을 장승배기라 하는데...

우리나라 각지에 이런 이름이 남아있다. 장승배기에서는 마을의 공동문제, 즉 부락제나 기타 여러 가지 일을 모여 의논했다. 장승은 갑오개혁으로 역참제도가 폐지되는 1895년에 자연스럽게 소멸했다.

특이한 것은 개화기 때 외국의 선교사와 외교관, 상인들이 남몰래 수집해 훔쳐 갔다고 한다. 이 장승들은 그들 나라의 박물관에서 속속

발견되고 있고 아주 귀한 자료로 보관되어 있다하니 '훔친 보물'의 아이러니가 아닐 수 없다. 최근 모아이석상과 제주의 돌하르방 등 장승의 형태가 우리 동이(東夷) 한민족의 특징이 아닌가 하는 이야기로 널리 유튜브를 통해 회자되고 있어 관심을 끈다.

대한민국 대표 장승배기는 상도동에 있다.

상도동 장승배기에는 일반 장승배기와는 차원이 다른 이야기도 숨어 있다. 조선 정조대왕의 이야기다. 정조대왕의 효심(孝心)을 상징한다. 정조는 아버지인 사도세자의 무덤을 경기도 양주의 영우원(永祐園)에서 수원 화산의 현륭원(顯隆園)으로 1789년에 옮기고 새로 장례를 치렀다.

그리고 1790년에 '원행정례', 즉 왕이 멀리 가야하는 그 길에 대한 예법, 기준들을 정해서 편찬했다고 한다. 왕과 원행을 함께하는 벼슬아치와 군졸들이 모두 6천230명이었다. 원행할 때 노량진(露梁津)에 배다리인 주교(舟橋)를 설치하고, 이 다리를 관리하기 위한 주교사를 두고는 주변에 있던 '바다를 바라본다.'는 이름의 망해정(望海亭)을 용양봉저정(龍驤鳳翥亭)으로 해서 왕과 왕비가 머무는 곳으로 활용했다.

정조는 주변 지형을 살펴본 후

“북쪽에는 높은 산이 우뚝하고, 동쪽에는 한강이 흘러와 마치 용(龍)이 굼틀굼틀하는 것 같고, 봉(鳳)이 훨훨 나는 듯하다.”

라고 망해정을 용양봉저정(龍驤鳳翥亭)이라 덧 이름을 지었다고 한다.

이곳은 시흥이나 과천을 통해 화성으로 갈 수 있고, 김포와 인천으로도 갈 수 있는 교통의 요지였다. 오늘날까지도 이어온 교통의 요충지, 그리고 오늘날 노량진 수산시장이 괜히 그곳에 있는 것이 아니다.

왕이 목적지, 사도세자 묘에 가는 길. 가는 도중에 머물 때와 궁궐로 귀환할 때, 그 머무는 목적은 차이가 있었다. 도성에서 나와 한강을 건넌 후 머무는 목적은 휴식을 취하고 행렬을 재정비하기 위해서였다. 예컨대 정조가 이곳에서부터 화성까지 원행을 할 때는 장용영(壯勇營)에서부터 먼 길을 나서기 위해 힘을 내기 위한 고취(鼓吹)를 위한 준비를 했다. 또한 정조가 주교에 이르면 배에 오르는 것을 알리는 승선포(乘船砲)와 배가 간다는 행선포(行船砲)를 쏘아 위엄을 드러내야 했으므로 그 준비도 필요했다.

도성으로 돌아올 때도 휴식과 재정비를 위한 것이 목적이었으나, 이 때는 행차에 동원한 병사들을 위로하고 상을 내리는 경우가 많았다. 노량진의 백사장에서 시위 군병들의 무예를 시험하거나 진법을 훈련시키고 그 결과에 따라 시상을 하였다.

노량진은 화성행궁의 중요한 거점지였다. 정조가 혜경궁 홍씨와 화성에 행차하던 기록인 원행 관련 병풍에는 주교를 건너 도착한 노량진에 용양봉저정의 정문과 두 채의 다른 건물이 같이 그려져 있다. 현재는 앞면 6칸, 옆면 2칸의 정자만 복원되었다.

노량행궁 장승배기? 이런 이야기를 행렬이나 뮤지컬로 재현한다면?? 축제라도 제대로 했으면.

그렇다. 궁으로 돌아가기 전. 한강변에서 왕은 군사들과 더불어 휴식을 취했던 것. 왕이 머무르면서 그리운 아버지를 뵙고, 다시 집무로 돌아가기 전. 원행 때 가고 오는 길을 알려주는 대장승. 장승을 세우라는 어명을 내린 흔적도 있다. 판소리 변강쇠전 등에서도 등장하는 장승이야기들.

노량진의 언덕, 장승배기에 효심 깊으신 정조 대왕과 보물 같은 장승배기 이야기가 있다.

보라매공원

동작구 신대방동에 있는 서울특별시 시립 공원. 더할 나위 없이 목 좋은 자리를 꿰차고 있는 곳이다. 이름은 대한민국 공군의 상징 '보라매'에서 따왔는데, 나에게는 '보람의 공원'이기도 하다.

원래 공군사관학교가 위치한 곳이었다. 공군사관학교가 이전해 있던 1951년에는 가까운 여의도에 여의도공항이 있고, 공군기지도 있었기 때문에 공군사관학교 생도들이 비행훈련하기에 적절한 곳이었다.

1971년 여의도공항이 민간 기능은 김포국제공항으로, 군 기지는 서울공항으로 이전했다. 덕분에 비행장 없는 공군사관학교가 되었다. 서울공항은 직선거리로 약 20km 정도. 결국 공항 문제로 1985년 청주에 새 교정을 마련해 이전, 학교 인근에 청주공항 전용 군비행장도 마련해 떠났다.

부지가 워낙 넓어 공원 외에 시설물도 많은데 보라매 청소년 회관은 본부중대 건물이었고, 보라매 청소년 독서실은 성당 건물이었다.

그래서 아직도 창문에 성당 모자이크가 남아있다. 자연관 옆 윗 쪽에 있는 삼각형 모양 지붕의 건물은 교회, 그리고 중앙의 넓은 트랙은 연병장이었다.

곳곳에 '충효'를 강조하는 조각상이나 전몰자 위령 조각상들이 있다. 해마다 봄, 가을철이 되면 인근 초중고에서 백일장 및 사생 대회도 하러 온다. 봄부터 내린 비에 피어나는 버드나무와 각종 꽃들이 장관이며, 가을단풍이 대장이다. 옛 비행기 모형들이 있어 여기가 공군사관학교 보라매 터전임을 가르쳐주고 있다. 비행기 모형 주변의 벤치는 아는 사람만 아는 커플들의 데이트 명소라고 한다.

나는 우리 동작구에 있는 보물 중에서 가장 소중한 보물로 이곳 시설 몇 곳을 꼽는다. 그래서 다른 이들의 보라매공원은 내게는 보람의 공원이다. 서울대 보라매병원, 서울시립보라매청소년센터, 보라매안전체험관, 동작구민회관, 그리고 서울시립관악노인종합복지관, 서울시립발달장애인복지관, 서울시립남부장애인종합복지관, 동작경찰서 지구대파견소 등이 있다.

동작 봉달이들이 많은 곳, 봉사해야할 곳들이 일명 '보람의 공원'에 많다.

작은 소망이 하나 있다. 보람의 공원들이 더 많았으면 한다. 앞으로 저출산 시대이고 초고령화 사회이다. 지금보다 더 케어 사회로 나갈 수밖에 없다. 어쩌면 요람에서 무덤까지 복지는 이제 숙제를 넘어서 필수 산업이자, 사회 유지의 가치, 우리 삶의 목적인 행복한 사회의 이유 있는 정책의 핵심이 될 것이다.

그래서 나는 필수 정책이라고 말한다.

어린이와 어르신, 출산과 요양을 돕는 의료서비스는 이제 생활공간의 필수요소고 우리 사회를 지탱해주는 분야가 아닐 수 없다. 동네 곳곳에 빌딩 짓고 아파트 단지들 개발하는 모습에 덤 즉 용적율 상향을 팍팍 더 주고 싶다. 그 덤은 그 개발지에 작은 공원들과 우리가 봉사할 곳, 봉사해야할 어린이들과 어르신들을 케어 시설들이 잔뜩 들어가야 한다. 거기에 일자리도 있고 그 일자리에 따르는 의료기기, 용품 산업들이 있다. 첨단지식산업센터들도 동작에 있어서 젊은 일자리들과 산업들이 와주길 바란다.

그렇게 우리 동작의 보물들이 되살아나길...

신축 개발 아파트에 부모님 모실 요양병원, 요양원이 같이 있으면 어떨까? 도심형 요양원, 도심 케어시설들이 주변에 많아지고 또 최고의 서비스가 가능하길 바란다. 개발이득이 그쪽으로 향했으면 한다. 어차피 몇 년 몇 십 년 남지도 않았는데... 어린이와 어르신이 살기 좋은 곳이 많아졌으면...

온갖 공공시설들이 들어서면서 돌봄시설이 바로 그 자리에 더 많은 용적율로, 그 혜택을 더 받아 가까이 좀 더 가까이 자리 잡기를. 그래서 보다 편리하게 보다 사각지대가 없는 공공복지 서비스가 가능하길.

동작 봉달이는 그 꿈을 여기저기에서 그려본다.

가문

동작구 노량진에는 우리 가문(家門) 이야기가 큰 자리 하나를 차지하고 있다. 가문은 부계친족집단이며, 가훈 · 가풍 등 집단구성원들의 행동을 규제하는 공동체에 대한 얘기다. 가문은 집안과 문중, 그 사회적 지위를 뜻하는 단어이기에 그리 단순하지 않다. 사회적 지위라는 것은 '프라이드' 즉 자부심의 근원이 되기도 한다. 그렇게 배웠다.

대대로 내려오는 한 집안의 신분과 가풍(家風)을 드러내는 용어로 가문이라는 단어가 흔히 쓰인다. 그런데 가족은 혼인이라는 과정을 통해 만들어진 조직체다. 그런데 가문은 그것이 세대적으로 시간적으로 결합된 부부와 그들의 자녀가 이어진 형태로 하나의 거대한 사회집단을 이루어낸다. 훨씬 더 넓은 복합적인 의미를 가문은 지니고.

오랜 시간의 축적된 역사가 담겨져 있다.

우리 사회에서 가문은 가족이 부계계승의 원리를 따라, 시간적 연속성에서 마치 윤회설 같은 전설(?)들을 갖게 된다. 초시간적 연대감 강한 조직체가 되는데… '집안'이라는 단어의 공동체 의식 구조를 가진 범위 속에서 더 뿌리 깊은 시간적 연속성, 즉 강한 소속감을 가졌다는 것을 내포하고 있다.

"내가 죽어도… 우리 가문의…"

우리 가문에서 강하게 자리 잡고 의식 하나, 죽음을 뛰어 넘는 연속성. 그 공동체가 가문이 된다. 그래서인가 '가문'이라는 단어에 동작구는 내게서 떼려야 뗄 수 없는 곳이다.

가만히 살펴보면 어떤 특출한 인물이 나왔다고 해서 가문의 명성이 갑자기 올라가는 것도 아니다. 돈으로 살 수 있는 것도 아니다.

아니, 사기도 했네.

일명 족보에 올리고, 그것이 매수로 이루어졌을 때, 그 가문에 이름을 올리고 호적을 사고… 돈을 벌면 졸부들은 그렇게 가문을 샀다. 그러긴 했다. 그만큼 가문의 빛남은 개인의 영광을 넘은 삶의 후광(後光)이다.

사회적으로 어느 정도의 명성을 인정받고 있는지는 이른바 '뼈대 있는 가문'의 척도가 된다. 현대에서 가문의 관념은 많이 약화되었다. 하지만 여전히 우리들의 생활에 많은 영향력을 미치고 있다.

한국민족문화대백과사전 등을 살펴보면 우리 시대 낡았지만 그래도 우리의 정신을 지배하는 가문에 대한 많은 이야기들이 녹아져 있다. 좀 어렵지만...

쉽게 말해 나는 소위 뼈대 있는 가문 사람이다. 뼈 없는 사람이 누가 있으랴 만은 그렇게 얘기해놓으면 뭔가 자부심이 생긴다. 아니 자세히 살펴보면 오늘날 우리 주변의 가문들에 훌륭한 조상님 없는 사람이 누가 있으며, 오랜 세월 수많은 왕족이나 왕후, 정승 판서 집안 아닌 집안이 어디요. 거의 대성(大姓) 유명 성씨(姓氏)들은 다들 찬란한 과거 역사 속 인물들과 집안 내력을 지니고 있다.

최근 다행인 것은 자존심을 넘어 자만심으로 자기 집안과 가문 자랑에 남의 가문을 깎아 내려는 모자란 짓들이 많이 사라진 것이다. 점점 더 밝혀지고 있는 것은 우리 조상님들 가운데 훌륭하신 분들은 그 후손을 자처하는 분들이 매우 많다. 정말 다행이다. 다행이 아닐 수 없다. 그 자부심이 후에, 뒤에 더 많은 좋은 후손들을 만들 테니까

훌륭하신 조상님들 면전에서 어찌 흉악한 짓을 할 것이며, 가문에 먹

칠을 하는 짓들을 감히 하지 못하는 매우 좋은 사회적 규범으로 작용한다. 서양의 명예, 귀족 의식 또한 가문의 힘이 아닌가.

그 자부심, 서로 존중하는 것이 핵심이겠지?

사육신 공원

동작구 노량진 사육신 공원에 우리 조상님 한분이 계시다. 자료를 살펴보면 본관은 기계(杞溪), 혹은 천영(川寧). 자는 신지(信之), 호는 벽량(碧梁). 포천 출신. 키 크고 얼굴 모양은 엄숙했으며, 씩씩하고 용감해 활을 잘 쏘아 세종과 문종이 소중히 여겼다고 한다. 자료에

일찍이 무과에 올라 1448년(세종 30) 첨지중추원사(僉知中樞院事), 1449년 경원도호부사·경원절제사, 단종 즉위년인 1452년 의주목사를 거쳐, 1453년 평안좌도절제사에 임명되었다. 1455년 4월에 판강계도호부사를 거쳐, 그 해 윤6월에 세조가 즉위한 뒤 동지중추원사(同知中樞院事)에 임명되었다.

세조2년인 1456년 성삼문(成三問), 박팽년(朴彭年) 등이 창덕궁에서 명나라 사신을 초청 연회하는 날에 유응부와 성승(成勝) 등을 왕의 좌, 우를 호위하는 양측 호위무사인 별운검(別雲劒)으로 선정해, 그 자리에서 세조를 살해하고 단종을 다시 세우기로 계획했다.

그런데 갑자기 왕 세조가 운검(雲劍)을 세우지 말도록 명령하고, 세자도 질병 때문에 왕을 따라 연회장에 나오지 아니하였다.

남효온(南孝溫)이 『추강집』의 「육신전(六臣傳)」에서 유응부는 그래도 거사를 하려고 했다고 한다. 성삼문과 박팽년이 굳이 말리기를 "지금 세자가 경복궁에 있고, 공(公)의 운검을 쓰지 못하게 한 것은 하늘의 뜻입니다. 만약 이곳 창덕궁에서 거사하더라도, 혹시 세자가 변고를 듣고서 경복궁에서 군사를 동원해 온다면 일의 성패를 알 수가 없으니 뒷날을 기다리는 것만 못합니다."라고 하였다고 한다.

그러자 "이런 일은 빨리 할수록 좋은데 만약 늦춘다면 누설될까 염려가 되오. 지금 세자가 비록 이곳에 오지 않았지만, 왕의 우익(羽翼, 측근들)이 모두 이곳에 있으니 오늘 이들을 모두 죽이고, 단종을 호위하고서 호령한다면, 천재일시(千載一時)의 좋은 기회가 될 것이니 이런 기회를 놓쳐서는 안 될 것이오."라고 하였다.

그러나 성삼문과 박팽년은 만전의 계책이 아니라고 하면서 말리니 일이 성사되지 못하였다. 이 때 동모자(同謀者)의 한 사람인 김질(金礩)이 일이 성공되지 못함을 알고서 급히 달려가 장인인 정창손(鄭昌孫)에게 알리고 함께 반역을 고발해, 모두 죄인으로 끌려와서 국문을 받았다. 그리고 결국 백 수 십 명이 참수 당하고, 수백 명이 관비로,

노비로, 멸문지화를 당하게 된다.

조선 중기를 뜨겁게 달군 남효온(南孝溫)이 『추강집』의 「육신전(六臣傳)」을 지으면서, 단종복위의 거사에 주된 인물들은 성삼문, 박팽년이고, 행동책은 유응부로서, 이 세 사람이 한 일을 삼주역(三主役)으로 부각시켰다. 유비, 조조, 손권의 위·촉·오 삼국지 역사에 소설적 재미를 더한 나관중의 '삼국지연의'에 비할 수 있는 조선시대 500년을 관통한 충신에 대한 이야기가 되도록 의기충천하게 썼다고 한다.

그래서 사육신이라는 명칭은 남효온의 「육신전」이 세상에 나오게 된 뒤 그대로 확정되어, 1691년(숙종 17)에 사육신의 절의를 국가에서 공인해 성삼문·박팽년·하위지(河緯地)·이개(李塏)·유성원(柳誠源)·유응부 등 6인의 관작을 추복(追復)시켰다. 그 뒤 1791년(정조 15) 단종을 위해 충성을 바친 여러 신하들에게 『어정배식록(御定配食錄)』을 편정(編定)할 때에도 사육신으로 재차 확정되었다

한국민족문화대백과사전 등에 있는 유응부(兪應孚) 할아버지 내용이다.

동작애 봉달이 愛 유용 愛

한민족이야기박물관

동트는 새벽, 문득 창밖을 본다. 우리 민족의 유구한 역사 속에서 수많은 외침을 받아야 했던 뭇 백성들의 한(恨)을 되돌아본다. 단군조선 할아버님부터 1만년 역사의 터전, 찬 서리 바람 설 날 없었던... 단군 산신제를 모셨다는 국사봉을 오르면서 생각하고 또 생각해본다.

왜 한민족일까?

국문학을 전공한 역사소설가인 후배는 나라 한(韓)의 글자 뜻이 하늘나라 둘레 사람들의 나라라고 한다. 별(+)과 태양(日) 다시 별(+) 그리고 둘레(韋)가 바로 한국의 한(韓)이란다.

민(民)은 백성이라고 했다. 아주 오래된 옛 책들에서는 백성은 맹(氓)이었는데.. 그 백성은 사람 인(人)과 달랐다고 한다. 전쟁 포로의 눈(目)을 극(戟) 즉 창으로 찔러서 거리측정이 안되어 싸움질은 못하고, 손발은 쓰게 하는 노예. 그들이 민(民) 글자 속의 비밀이라고 했다. 그래서 서민(庶民), 유민(流民), 난민(亂民) 등 서럽고 슬픈 단어에 민

(民)이 들어간다고 했다.

대한민국. 누가 황제의 나라 대한제국에서 대한민국으로 바꿨을까? 큰 하늘나라 호위국이 서러운 백성 민(民)의 울타리(국, 國)를 세웠다. 이것이 대한민국이라는 국호의 뜻이 아닐까? 왜 큰 한(韓), 민(民)의 나라라고 이름 지었을까.

한(韓)민족은 단군이전 시대. 조대기(朝代記)에 널리 흩어진 채, 각자 자연과 하늘과 함께 살아야 했던 하늘 천족(天族)과 그 둘레에 있던 서러운 백성들, 혼합족 다민족 이야기다.

단군이 다스린 조선(朝鮮)도 그러하다고 했다. 별(+)과 태양(日) 다시 별(+) 그리고 달(月) 즉 나라 조(朝)에는 하늘이 담겨져 있고, 선(鮮)에는 물고기(魚)와 양(羊)을 잡아먹던 곰족 즉 웅족(熊族)이 둘레둘레 어우러진 나라가 아닐 수 없다고 했다. 그럴 듯 했다.

이렇게 하늘족 태양족 조(朝)와 웅족의 선(鮮, 선비:鮮婢)이 합해진 글자처럼 한(韓)민족은 태양 하늘을 숭배하여 각지에 고인돌과 피라미드를 쌓고, 제사를 지내며, 천재지변을 이겨 주변 둘레인들과 함께 살아온 홍익인간 문명을 만들어온 족속이다.

그래서인가. 한민족이야기 속에는 카오스 세상인 천재지변에 서러운 서민, 유민, 난민들과 함께 새로운 세상 코스모스 질서와 평안 세상을 만들기 위해 고민했던 흔적들이 옛 문헌 곳곳마다에 가득하다고 한다.

최근 코로나19 팬더믹 상황과 기후변화로 대변되는 격동의 시대가 세계 곳곳에서 시작되고 있다. 더욱 심화될 것 같은 빈부격차 양극화와 새로운 국제질서에서 새롭게 한민족이야기를 나눌 이유가 지금 여기에 있는 듯하다.

생각해보면 진시황의 불로초를 찾아 동방의 신선들이 사는 곳, 금수강산을 헤매도록 한 기록을 보면서 아, 이 땅이 아주 오래된 옛날부터 부럽고 부러웠던 그곳이구나. 이런 생각으로 훨씬 앞섰던 정신문화와 문명의 선도적이었던 한반도의 지정학적, 지리학적, 고고학적 역사·문화적 토양에 뿌듯함을 되새긴다.

밥은 40일 가까이 굶기도 한다. 물은? 안 먹으면 죽는다. 그렇다. 동양의 그 어느 곳보다 맑고 감미로운 감천(甘泉), 좋은 물이 많았던 곳. 바로 한반도였다. 그래서 타지에서 평균 연령이 30, 40살을 넘지 못할 때 한반도에서는 수염이 허연, 신선들 즉 환갑을 넘은 사람들이 많았다. 60대 이상과 40대. 그 연령의 차이는 곧 문명의 차이가 된다.

일제 강점기에 일본은 우리의 수많은 책을 불태우고 가져갔다. 그래도 우리는 안다. 또 그들도 알고 있다. 우리 한반도 한민족이 얼마나 위대한 문명을 일으켜 왔는지. 그들도 함께 알고 또 깊이 연구하고 있다. 그 깊은 한민족 정신의 얼은 우리의 것만이 아니고 또 아니어야 한다. 그것은 우리 인류 공동체의 것이어야 한다.

한민족의 얼은 그냥 이미 지나간 과거의 것이 아니다. 오늘날 살아있는 우리의 존재 이유이며 미래 인류가 함께 해야 할 정신문명의 가치다. 얼골, 얼굴은 얼이 담겨져 있는 골짜기 굴이라도 한다. 산에는 골마다 물이 담겨져 있다. 우리 인간의 얼굴에는 얼이 담겨져 있다.

그 얼은 곧 우리가 살아가는 이유다.

요즘 화제 중의 하나가 역사 교육 문제다. 자기 나라 역사를 정규 교과 과정에서 가르치지 않는 나라. 자칫 우리가 그런 나라가 될 뻔했다. 그런 의미에서 꼭 한번 생각해보아야 할 것이 있다.

지금 우리 대한민국은 국권을 회복한 지 70년 된 나라다. 세계 각국에서 아주 좋은 성공사례를 보이고 있었다. 이러한 때에 국가의 지도자들이 건국의 정신을 망각하고 극단적인 사욕이나 집단적 이기주의에 치우친다면, 국가의 밝은 미래를 기약할 수 없을 것이다.

역사를 잊은 민족의 미래는 없다. 일제강점이 끝난 것은 70년이 되어 가지만 우리는 되찾아야 할 것들이 많다. 남경대학살 다큐멘타리 30부작이 중국에서 시작된다는 보도를 보면서 한편으로 부러움이 가득 해진다.

돌이켜 보면 우리 민족은 훌륭한 조상님이 계셨기에 수천 번의 외침에도 지금의 대한민국을 만들어 나갈 수 있었던 것인데... 언제나 존경하고 사랑하는 마음 가져야 하는데...

특히 앞으로 대한민국의 리더로 성장할 청소년들이 주도적으로 이러한 마음을 가져야 할 것인데... 역사의식과 애국심을 대한민국 곳곳에 심어주는 일, 어쩌면 작게는 우리 공동체를 안정되게 하는 일이지만 넓게는 인류 평화 시대를 위한 모범이 되는 일이기도 하다.

한반도의 긴박한 정세는 이제 새로운 통일 시대를 준비하고 있다. 남한과 북한의 변화는 한국과 중국, 일본을 넘어 러시아와 미국의 이해관계가 첨예하게 대립하게 된다. 한국의 국호는 한민족의 얼을 상징한다. 그 한민족의 얼은 지금 힘이 강하고 무력이 센 나라를 얘기하는 것이 아니라 갈등해소의 장으로 평화적 통일을 통한 새로운 시대를 여는 세계인의 존경과 모범이 되는 나라를 꿈꾸게 한다.

한류가 그래서 흐뭇하다.

일제 강점기 한복판에서 하늘과 땅 그리고 사람이 어우러져 대한독립 만세를 외친 것이 3.1만세운동이었다. 천도교와 기독교, 불교 3종교가 합쳐 33인으로 천지인 합일의 새 시대를 예고해주었다. 무력 앞에서 그 가녀린 민초들은 화해와 평화를 강구했고 5.4운동으로 그리고 세계 각 국의 모범 사례가 되었다. 충효로 닦아온 세월이 우리를 만들어왔다.

세계인의 모범 사례, 한민족의 얼은 그런 것이어야 한다. 한민족이야기박물관 이야기를 듣고 그런 거 하나 있었으면 한다.

아니 세계 곳곳에

역사적 가치

History 채널을 좋아 한다. 나도 역사채널에서의 많은 인식의 오류를 깨닫고, 가치의 재발견을 한다. 배우는 것이다. 그런데 역사라는 히스토리 History를 나는 Hi와 story로 나누기도 한다.

"하이, 이야기. Hi, story"

이야기가 커지면, 그 이야기가 살아있으면... 그것은 역사서의 위력을 능가하면서 새로운 콘텐츠며 새로운 역사로 자리매김을 하게 된다. 역사서 삼국지와 나관중의 삼국지연의가 있듯이 한국의 대표적 충의 상징인 사육신에도 실록 기록들과 다른 명필 명문장가의 실화 실명소설이 문집에 등장하게 된다. 남효온의 『추강집』 내의 「육신전」이 바로 그것이다.

추강집은 조선전기 학자 남효온의 시가와 산문을 엮어 간행한 시문집이다. 초간본은 1577년(선조 10년) 남효온의 외증손 유홍(兪泓)에 의해 5권 4책으로 간행되었고, 중간본은 1677년(숙종 3년) 유홍의

증손 유방(兪枋)에 의해 5권 5책으로 간행되었다. 서문은 없고, 권말에 조신(曺伸)의 발문과 유홍의 구발(舊跋), 유방(兪枋)의 중간 발, 후손 상규(相圭)의 발문이 있다고 한다. 다 읽어볼 수는 없었고, 자료에 그러하다고 한다.

조선 초 유림의 조종으로 불리던 김종직의 제자이자 생육신의 한 사람인 추강 남효온(秋江 南孝源)이 지은 사육신의 행적을 묘사한 『추강집』의 실제 간행자들은 유응부의 후손 유홍과 유방으로 보는 것이 타당하다는 것이 학자들이 평이다. 생육신으로 1454년생인 남효온은 성삼문이 죽은 1456년에는 겨우 3살이었으니, 이를 직접 봤을 리는 없다.

남효온 이야기 집에는 「육신전」에 성삼문, 박팽년, 이개, 하위지, 유성원, 유응부 여섯 분들의 전기가 쓰여 있다. 육신사건에 관한 문헌으로는 『세조실록』 외는 『해동야언』과 더불어 가장 오래된 문헌이다.

그리고 그 「육신전」에는 육신의 의기와 그 충성 그리고 상상할 수 없는 혹독한 고문과 굴복 하지 않는 불굴의 감격스러운 내용이 기술되어 있다. 그래서 많은 사람들의 심금을 울리고, 500년 동안 육신사건, 충신에 관한 이야기가 성경처럼 읽혀져 왔다.

「육신전」의 내용은 현대에는 우리가 모두 알고 있는 살벌한 '세조 앞에서도 뜻을 굽히지 않은' 사육신 이야기다. 하지만, 내용상 조선 전기나 중기에는 가히 충격이었을 내용인 것 또한 사실이다. 그야말로 대놓고 계유정난을 비난하며, 바로 선대왕이신 세조를 패륜아로 만들고, 노산군(단종)을 옹호하며, 당시에는 역적이 확실한 사육신을 '의기가 높다'며 드러내 칭송했던 책이다.

그러므로 조선 전기 세조의 후손인 왕실의 입장에서 「육신전」은 곧 역적을 옹호하는 기록이다. 왕실의 입장에서 이런 책을 쓴 것은 물론이고, 가지고 있다는 것만으로 더한 역적죄를 각오한 것이 분명하다.

조선 전기의 「육신전」은 공공연하게 언급되지는 않고, 인쇄 하지 않고, 사림 선비들 사이에서 몰래 몰래 필사해가면서 보는 책이었을 것이다.

실제로 『선조실록』에 따르면 경원관 박계현이 성삼문이 충신이라며 「육신전」을 추천했다. 선조가 이를 읽어보고 분노를 터트리는 장면이 나오며, 책을 모두 거둬서 불태워 없애고, 이야기하는 자들도 모두 처벌해야겠다는 발언을 했다. 신하들이 간신히 말려서 그만두었다고 기록되어 있다.

그러나 유림(儒林)들은 달랐다. 공자 맹자 학문의 도(道)에서 세조는 주공(周公)과 대비되었다. 이 유림들의 존경하는 육신에 대한 마음들이 대대로 전승되어 남효온의 『추강집』을 필사하게 하고, 인구에 몰래 회자(膾炙)되게 했다.

남효온이 계유정난 이후에 태어났음에도 불구하고 생육신의 일원으로 거론되는 것 역시 이 '육신'이란 이름이 정립되었기 때문이었을 것이다. 그 자체로는 사료적 가치는 분명히 낮지만, 단종과 사육신의 복권 등에 큰 영향을 미쳤으며, 『삼국지연의』처럼 역사적 이미지를 만들어내었다. 위대한 충의, 유응부 장군이 거기에 있었기에. 오늘날까지 사육신이 조선 충의(忠義)의 상징이 되게 한 역사적인 책이 되었다.

사육신의 전설을 만들어낸 유응부 후손들. 그 불굴의 의지. 계유정난의 역적 가문들이 다들 손 놓고 있을 때, 조상의 억울함을, 그 의기를 펼쳐낸 유응부의 후손들은 오늘날의 사육신이 충신의 상징이 되게 했다고 생각한다.

충신의 상징, 후손으로서 그저 감사할 뿐이다.

현창의 의의

사육신에 대한 충의(忠義) 논의가 그들을 죽인 세조에 의해 시작된 것도 역사의 아이러니 아닐까 싶다. 세조3년 1457년 9월에 세조가 단종복위 운동사건 등에 목숨을 빼앗긴 백여 명의 이름을 금 비단 8폭에 병자원적(丙子寃籍)이라고 써서 당시 동학사에 보내 초혼(招魂)하여 제사를 지내게 하였다.

육신에 대한 추모는 궁극적으로 육신의 현창 운동으로 발전한다. 현창(顯彰) 밝게 나타냄. 즉 숨겨야 했던 이야기를 공공연하게 꺼낸다는 말이다. 육신(六臣)의 역모 죄명을 벗기고, 육신(六臣)의 명예를 회복하고 충절을 현양(顯揚)하려는 운동이다. 이 운동은 유신들 특히 왕을 측근에서 모시는 신하로서 의리를 중시하는 성리학의 영향을 받은 벼슬아치와 유생들이 중심이 되어 이어졌다. 이 움직임에 불쏘시개가 남효온 『추강집』의 「육신전」이었고 유응부 할아버지의 후손들이 이에 앞장을 섰다.

육신(六臣)은 역모의 죄로 처형되었으므로

육신의 죄명을 벗기고 현창하자면 그 권한이 있는 왕이 죄명을 벗기고 충절을 표창해야 한다. 세조의 후손 왕들에게 세조가 잘못했고, 사육신이 잘했다고 하는 그런 절차가 필요한 것이다. 그 어마어마한 이야기들. 현창 운동은 주로 왕에게 목숨 걸고 하는 수밖에 없었다.

사화(士禍)로 얼룩졌던 연산군 시대에 위축되었던 유림이 중종반정으로 재기하여 성리학의 의(義) 사상(思想)이 존중되었다. 중종(中宗) 이후 지속적으로 유림들의 육신 현창이 이루어졌다.

육신(六臣)에 관한 정사(正史)『세조실록』의 기록 내용은 모르고, 유응부 후손들과 사림들의 꾸준한 노력으로 드디어 남효온의「육신전」에 기재된 여섯 분은 역적의 누명을 벗는 신원(伸冤)이 되기에 이르렀다.

숙종 17년. 12월 5일. 청나라에 사신으로 다녀온 민암(閔諾)이 숙종의 물음에 대하여 "공자는 주(周)나라 신하이면서 백이숙제를 찬양하였습니다. 비록 명나라 방효유(方孝儒)까지 언급하지 않더라도 우리 동방의 정몽주의 예를 볼 때, 육신의 절의를 표창함에 걸림이 없나이다. 세조께서 후세의 충신이라고 하신, 그 깊은 뜻을 알 수 있나이다." 라고 아뢰었다고 한다.

숙종은 그 이튿날인 1691년 12월 7일 남효온의 「육신전」의 육신의 벼슬을 회복하는 복관(復官)을 하고, 벼슬아치를 보내어 제사지내고, 민절사(愍節祠)에 사액(賜額, 제사) 지내게 한다는 역사적인 교서를 내렸다.

"무릇 나라가 먼저 서두를 일은 절의를 숭상 · 표창 · 장려하는 일보다 중요한 일이 없다. 신하로서 가장 어려운 일은 절의를 세워 목숨을 바치는 일보다 더한 일이 없다. 저 여섯 신하가 어찌 천명을 몰랐고 사람이 이를 거역할 수 없음을 몰랐을 것이오, 그런데도 마음에 결의하여 죽음을 택하고 후회함이 없었다. 이는 실로 사람으로서 하기 어려운 일을 능히 한 것이다. 그 충절은 수백 년 토록 늠름하다. 가히 방효유(方孝孺)와 경청(景淸)에 비교할 만하다. 마침 선릉에 일이 있어 행차가 육신묘 곁을 지남에 감회가 더욱 깊다. 세조께서 당세(當世)에는 난신(亂臣)이지만 후세의 충신이라고 하신 말씀은 뜻이 여기에 있다. 오늘 육신을 복관하는 일은 실로 세조의 남기신 뜻은 계승함이요, 세조의 덕을 빛냄이 될 것이다"

이 내용의 비망기(備忘記)를 숙종이 내렸다고 한다. 순의 이후 235년 만에 복관 신원이 이루어진 것이다. 역적에서 충신으로 바뀐 것이다. 물론 이때까지도 『세조실록』을 열람하지 않았다.

조선 600년의 수도 한강이 도도하게 흐른다. 자료들을 보면서 눈물이 나는 것은 저 건너 너머의 궁궐들을 바라보면... 그 역사 속에서 작은 공원. 그 곳에 신위가 모셔져 있는 사육신, 도도히 흐르는 강물을 따라 충절(忠節)의 한(恨) 많은 설움이 소리 없이 흐른다.

죽고 나서의 현창(顯彰)은 그분들에게 어떤 의미가 있을까.

거기 육신(六臣)이면 어떻고 칠신(七臣)이면 어떠랴. 김문기와 유응부 할아버지는 그렇게 유림(儒林)에서 우리 역사 속 깊숙이 심어져, 자라고 꽃피고 숲을 이루어 조선 충의(忠義)의 상징이 되었다. 그렇게 됐다.

현창(顯彰)은 후손들의 귀한 이야기 덤이다.

남북한 합작 드라마

남한에서 방영된 최초의 남북합작 드라마는 사육신인 듯하다. 남한에서도 그리고 북한에서도 그만큼 사육신은 의미 있는 콘텐츠다.

2007년 8월 8일부터 동년 11월 1일까지 총 24부작으로 KBS 2TV에서 방영되었던 최초의 남북 합작 사극이 있었다. KBS의 자본과 장비 등의 하드웨어와 조선중앙방송의 배우, 극본 등의 소프트웨어로 제작된 작품. 제작 의도는 사육신의 충절을 보여주기 위해서라고 한다. 남한에서는 KBS 2TV에서 방영되었고 북한에선 '조선중앙텔레비죤'에서 방영되었다.

기획부터 3년, 이후 총 제작 기간 2년에 제작비 20억여 원, 약 210만 달러가 소요되었다. 제작비의 3분의 2 가량은 발전차나 조명차 등의 현물로 지급되었다. 즉위식 묘사 등을 위해 1만여 명이 동원됐으며, 전투 장면에서는 300여필의 말이 등장했다. 북한으로서는 엄청난 스케일의 드라마 제작인 셈이다.

제작사가 북한 측이며 연출, 각본, 배우 등의 제작자들이 전부 북측 인물이다. 그러다보니 껍데기만 남북합작이지 내용물은 실질적으로 북한 작품이나 다름없었다. 주연 배우들의 연기는 발연기가 없다고 하여 훌륭한 평가를 받지만, 엑스트라 배우들의 연기는 그와는 반대였다.

유튜브 등에서 찾아보면 북한 드라마라 그런지 화면이 KBS의 일반적인 느낌과는 매우 다르며, 특히 한국에서는 이미 10년도 더 전에 사라진 후시녹음을 했기 때문에 실제 시청자들 사이에서는 이질감이 꽤 컸다는 반응이다.

충의(忠義) 논쟁. 그리고 충신(忠臣)에 대한 것이 어디 남북한뿐일까. 사육신(死六臣)에는 동양세계의 공동체 질서 이론들이 근간이 되어 있다. 이러한 배경은 역사문화 콘텐츠로써 풍부한 가미이다.

국가란 무엇이며... 왜 충의(忠義)가 강조되었고, 그것을 통해 어떻게 사회를 지탱해오고 그 체제를 지켜왔는지. 그 무엇이 그들의 삶을 그 어쩔 수 없는 길에 서게 했는지. 당대의 평가와 후대의 평가. 달라진 그 평가 속에 무너진 집안. 가족들. 그 피눈물 속, 삶의 궤적들이 모두 다 드라마다.

아직 우리가 보지 못한 사육신에 여전히 풍부하게 남아있는 드라마 요소이고 세계인의 눈과 귀가 쏠리고 있는 한류 콘텐츠의 새 영역임이 분명하다. 사육신 세미나 자료집을 보면서 이것저것 챙길 것이 많았다.

더 풍부한 콘텐츠, 스토리텔링이 시작이다.

중앙대학교에 협박해서

뭔가를 해야겠다. 내가 협박범이 되더라도. ㅋ. 내게 중앙대는 대학교보다는 대학원이 더 익숙하다. 몇 년을 대학원생으로 다녔으니까.

흑석동하면 중앙대학교와 중앙대학교 병원이 떠오르고, 천주교 성당과 원불교 교당이 생각나는… 아무래도 동네의 상징 중의 상징이 중앙대학교와 병원이 워낙 크니까 그것이 먼저 생각나는 것이 아닌가 싶다.

한때 농구대잔치에서 전국을 제패하는 농구 때문에 잠 설칠 때도 있었다. 중앙대 농구부는 1953년 창단됐는데 이후 1956년에는 선수 부족으로 해체됐다가 1967년 재창단의 과정을 거치면서 농구부로서의 모습을 갖췄다. 중앙대 농구부의 첫 번째 전성기는 1980년대 중반이었다. 국내 키다리의 계보를 확실히 했던 한기범으로부터 허재, 강동희, 김유택 같은 선수들을 주축으로 대학농구를 제패하고, 실업농구인 농구대잔치까지 그 인기와 실력을 이어갔다. 이들은 '허동택' 트리오라 불리며 80년대 중반 전국에 이름을 떨쳤다.

더불어 학교이름도.

그런 중앙대에 또 하나 유명한 분야가 있으니 연극영화학과를 비롯한 예술계열이다. 이쪽에 좋은 후배? 겨우 한 살 차이 친구가 있다. 이대영 교수라고 중앙대학교 예술대학원 원장도 하고, 연극 영화 드라마 등 다방면에서 기획, 작가, 연출을 하고 있는 진짜 예술계의 다방면 고수(高手)다. 손대면 톡하고 터질 것 같은 것이 아닌 손대면 유명 작품이 되는 예술계의 마이다스 고수다. 특히 그의 작품성은 창작에서 나온다. 그리고 풍부한 중앙대 인맥. 예술계통에서 빛난다.

중앙대학교가 있는데...

한때 동작방송TV를 구상한 적이 있었다. 몇 사람들이 모여서. 동작구의 여러 자산들과 스토리들을 제대로 살릴 수 있는 매체를 가지고, 노량진에서 동작동 현충사에서. 아예 동작충효TV로 만들어볼까도 생각해봤다.

최근에 글로벌하게 유행하고 있는 노래패에 이날치밴드가 있다. ♬범내려온다. 이 노래로 유명하다. 나는 ♬여보나리♪라는 곡에서 아주 흠뻑 빠졌다.

이날치의 시작은 2018년 11월 국립아시아문화전당에서 수궁가를 재해석한 애니메이션 음악극《드라곤 킹》으로 장영규 음악감독과 다섯 소리꾼들이 함께 만났고, 이 작업의 성과에 힘입어 프로젝트 팀을 결성하여 2019년 초부터 본격 활동을 시작했다고 한다.

'이날치'를 찾아보면 그 이름이 조선 판소리 명창에 있다. 그 이날치를 본 딴 그룹이름이다. 판소리 명창 이날치는 광대 출신의 소리꾼으로 서편제를 발전시킨 명창이라는 평을 받는다. 조선 말 흥선대원군 앞에서 소리를 하여 유명세를 얻었다고 한다.

오늘날 이날치그룹의 ♬범내려온다♪는 도쿄올림픽 선수촌에서 세계인들의 관심을 모으기도 했다. 이순신 장군의 구호가 일본인들의 항의를 받고 문제가 되어서, 한국 선수단의 호랑이 그림에 이날치그룹의 ♬범내려온다♪를 써놓으니, 그것도 참 흐뭇하게 보였다. 그래서 더 좋아하게 된 그룹이다.

중앙대학교 이대영 교수 등에게 협박(?) 또는 사정을 해서라도 지역스토리에 관심을 갖고 작품을 만들 필요가 있다고 주장해 봐야겠다. 우리가 자라고 배운 곳의 이야기들을 구성하여 서양의 뮤지컬 같은 창극(唱劇), 정조대왕 노량행궁 훈련 및 시상식, 행차 등을 만들어서, 노량진 수산시장 앞마당도 활용하고, 사육신공원 의절사 마당도 이용해서 우리 동네에 묵혀두기 아까운 국제적인 소재의 이야기 작품들을 만들자고 하고 싶다.

2vs0, 후손들에게 남길만한 작품들 좀 만들자.

서민에겐 단돈

만원이 아쉽게 된다. 없을 때엔

그런 삶을 한동안 살았다. 선거에서 떨어지고. 직장도 없고, 뭔가는 해야 하는데 할 일도 별로 없고, 정확하게는 할 생각도 들지 않고. 몸도 아파온다. 신기한 것은… 후보자는 선거에서 이기면 10년이 젊어지고 활력이 활활 생긴다. 그런데 지고 나면 갑자기 십년이 늙고 인생이 허무해진다. 그런 삶이 정치인의 삶이라서 선거 때만 되면 혈관 속의 피가 달라지는 것 같다.

만원이 참 아쉬웠을 때

"아니, 아니, 아니요…"

이렇게 말했다. 그리고 그렇게 손사래를 쳤지만. 다 안다는 듯. 선거 끝나고 오래간만에 시장 뒷 길을 낙선 위로 술 한두 잔 받아먹고. 흔들리던 내 마음을 따라 흔들거리며 걷던 그 때.

“유용! 파이팅”

그러던 분. 그리고 막무가내로 내 주머니에 쑥 넣은 손. 그렇게 찔러 넣어 준, 그 종이돈. 지금은 기억도 희미하게 머나먼 누군가, 사당동 시장 통 나이 드신 할머니 유권자 한분이 내 한 주머니에 집어넣어 주고 후다닥 사람들 틈으로 가신, 그래서 내 주머니에 종이돈 만원이 짠하다 못해 눈물이 나게 고마웠던 그 때. 찾아도 찾지 못한 그 분…

만원이 너무나 고마워서

눈물 핑 돌아 코가 찡해져 눈물인지 콧물인지 모르고 흘리고 손목 댕겨 훔치고 나서. 꼭 갚아야지. 그런 마음으로. 시장을 헤매기도 했는데. 만원이 없어서가 아니라 그 마음이 너무 고마워서. 그랬다 멈춰서서 다시 힘을 낼 수 있었다. 그래서 그 고마움을 항상 마음속에 두고 있었다.

만원의 고마움을 갚을 기회가 왔다. 조례로

영구임대주택 입주자만을 대상으로 지원하던 것을, 국민임대주택 입주민까지 포함하는 한편, 공동수도요금, 공공하수도사용료 등의 관리비 등을 시 예산으로 지원할 수 있도록 조례를 바꾸는데 앞장섰다.

장기공공임대주택 입주자의 주거비 부담을 낮추고, 주거환경 개선 및 주거복지증진을 도모하여 장기공공임대주택 입주자 삶의 질을 개선하고자 하는 것이 목적이다. 쉽게 말하면 만원이 아쉬운 분들에게 관리비 부담이라도 덜어주고 싶었다.

장기화되고 있는 경기침체와 취업난. 알아도 못하는 것이 작은 돈에 눈물 나게 슬픈 삶을 돕는 것이다. 내가 배운 것은 큰돈에 붙어 있는 큰 감동도 좋지만, 작은 돈이라도 편한 그 일도 소중하다는 것.

작은 돈임에도 불구하고, 노약자·장애인 등 주거 취약 계층이 거주하고 있는 영구임대주택, 국민임대주택 등의 장기공공임대주택단지에서 관리비 등이 지속적으로 상승하면서 입주민들의 부담이 점점 더 커지고 있다. 데이터가 있었다. 그 데이터가 필요했었는데...

만원의 시름, 신음이 되고 한숨이 되는데

실제 서울주택도시공사가 관리 중인 임대주택의 관리비 체납세대는 2016년 17,799세대로 전년(15년 16,870세대) 대비 5.5% 늘어나는 등 문제가 점점 더 발생되고 있었다. 이에 따라 영구임대주택 입주자만을 대상으로 지원하던 것을 국민임대주택 입주민까지 포함하는 한편, 공동수도요금, 공공하수도사용료 등의 관리비 등을 시 예산으로 지원할 수 있도록 하여 장기공공임대주택 입주자의 주거비 부담을 낮추고, 주거환경 개선 및 주거복지증진을 도모하여 우리 서민들의 삶의 질을 조금이나마 개선하는 것이 내 임무였다.

만원의 고마움을 주신 그 분처럼, 그렇게 해야 했다.

어 어 정책

어린이는 움직이는 빨간 신호등이다. 어린이들의 교통사고는 가정을 무너지게 한다. 2017년. 교통사고 발생량의 16.4%, 무려 66만여 건이 도로 이외의 구역에서 일어났다고 한다. 공동주택 단지 내에서 일어난 사고가 48.7% 무려 32만여 건에 달한다는 보험개발원의 통계다. 단지 내의 통행로에 대해서도 교통안전 대책이 필요한 상황이었다.

더욱이 소규모 공동주택은 의무관리대상 공동주택에 해당하지도 않는다. 열악한 단지의 경우 교통안전시설 관리가 더 취약하다. 이 때문에 어린이들이 단지 내 교통사고 위험에 더 노출 되고 있다. 열악한 소규모 공동주택의 교통안전시설 설치 및 정비를 지원하여 어린이를 교통사고 위험으로부터 보호해야 했다.

어린이는 움직이는 빨간 신호등인데...

주택건축본부 공동주택과 공동주택 안전점검 사업 담당자에 의하면 소규모 공동주택 안전점검 대상이 되는 단지는 대체로 노령화 지수가 높다고 했다. 노령화 지수가 높다는 것은 거주민 중 어르신이 많고, 또 그 어르신과 더불어 어린이가 모두 위험할 수 있다는 것이다.

서울시 소규모 공동주택 단지 현황에 따라 한꺼번에 바꿀 수는 없지만. 공동주택과에서 이미 추진 중인 '21년도 소규모 공동주택 안전점검 시비보조금 자치구 예산지원 사업'의 지원(2017-2020년도)이 매년 56개 단지를 선정하고 있어 이에 어르신과 어린이들을 위한 교통안전시설을 무조건 해줄 수 있도록 적극 지원해서 조례를 바꾸도록 했다.

단지 내에서도 안전을 위한 교통안전시설물 설치비용은 도시교통실 보행정책과에서 이미 추진 중인 '어린이 보호구역 개선'사업의 어린이보호구역 신규 지정예산을 준용하여 비용을 추계하면 되었고, 어린이 보호구역 신규지정 설치비는 안전표지, 노면표지, 과속단속장비, 과속방지시설, 보도 및 방호 울타리 설치 등을 포함하는 비용으로 구성하여 그밖에 사업규모 확대, 인건비 인상, 물가상승 등은 별도로 고려하지 않는 것으로 조례를 바꿈으로써 계속 사업으로 추진되게 했다.

노령화 사회의 이후, 나는 어르신과 어린이를 서민대책 차원에서 같이 봐야 한다는 시각을 가지고 있다. 안전시설이 그렇고, 그 외 각종 의료와 복지 분야에서의 지원이 그렇다.

나이가 들면 들수록 어려진다더니…

어르신들이 하시던 말씀은 서울시 정책에서 늘 얘기하는 나만의 비법이다. 어린이들을 챙기면 어르신도 챙겨진다. 복지는 그렇다. 초고령화 사회는 결국 자세히 살펴보면 출산율 감소 사회가 된다. 사회구성은 그렇게 양 극단이 한 덩어리로 움직인다. 그래서 나는 '어 어 정책'이라고 부른다. 어르신 어린이. 어디서든 어떻게든

"어서 어서 하자"

서울시의회가 미세먼지를 재난으로 취급하는 조례개정을 추진했다. 유광상 의원, 「서울특별시 재난 및 안전관리 기본조례」 개정안 발의에 적극 지원하기로 했다.

"미세먼지도 재난이다."

서울시민의 생명권과 건강권을 크게 위협하는 것이 미세먼지이다. 그러나 국민의 건강을 심각하게 위협하고 있는 미세먼지를 법정 자연재난으로 분류하지는 않고 있다. 미세먼지에 대한 예방, 대응 및 복구를 위한 보다 상위개념의 대책 마련 및 지원이 필요했다.

현행 「재난 및 안전관리 기본법」에서 황사를 자연재난으로 정의하고 있는 것과 보조를 맞추어 미세먼지도 자연재난에 포함시키는 「서울특별시 재난 및 안전관리 기본조례」 일부개정조례안을 준비했다.

심각해진 미세먼지로 인해 호흡기 질환 발생률이 급격하게 증가하고 있다. 시민 건강이 대단히 위협받고 있는 상황에서 미세먼지 발생에 대한 정부의 인식 전환을 시작으로 적극적인 대처방안 마련이 필요하다고 판단했다.

미세먼지 문제는 일반적인 태풍, 홍수, 지진 등에 의한 재해와 같은 수준으로 다루어야 안전관리계획 수립 및 관리가 이루어질 것으로 기대된다. 그래야 심각한 미세먼지 발생으로 인한 피해 발생 시, 대응 및 복구를 위해 재난상황의 보고 및 전파, 응급대응조치, 복구활동 등이 이뤄질 수 있다. 특히 재난취약계층에 대한 마스크 지급, 공기청정기 설치 등 예방사업을 재난관리기금에서 지원할 수 있을 것으로 보인다.

미세먼지가 시민의 건강을 심각하게 위협하고 있음에도 불구하고, 그 피해가 즉각적이고 가시적이지 않은 경우가 대부분이어서 그동안 서울시가 소극적으로 대처해 온 측면이 있다고 본다. 미세먼지를 법정 재난으로 취급할 경우, 지금보다 더 꼼꼼하고 적극적인 대처가 가능해 질 것으로 기대한다.

정책은 미세한 디테일에서 의외로 큰 의미를 찾을 수 있다. '티'가 '미세먼지'다. 티 나지 않는 것. 정확하게는 티도 안 나는, 즉 먼지 같은 생색도 나지 않은 일을 말할 텐데… 이번 미세먼지 개정안이 그럴

수 있다.

하지만 생각해보면 그 작은 미세먼지로 누가 힘들 것인가. 바로 우리다. 공기는 사람을 가리지 않는다. 하지만 사회적 약자 또는 우리 사회 안에서 어렵고 힘들게 사시는 분들을 더 힘들게도 하는 것이 미세먼지이다. 공기청정기가 흔해졌다고는 하지만 서민 입장에서 결코 적은 비용은 아니다. 좋은 시설, 돈 많은 분들의 사무실이나 가정집에 초청받아 가보면 확실히 공기가 다르긴 하다. 비싼 공기청정기가 어디 있는지도 모르게 좋은 공기, 아주 미세한 향기도 담은 듯 심신을 편안하게 한다. 돈은 그렇게 누구나 숨 쉬는 공기에도 필요한 세상이 되었다. 장 단기적 정책이 반드시 필요한 이유이다.

일단 재난 수준으로 다루게 하는 것이 우선되어야 한다고 본다. 각 분야 전문가들의 의견을 듣고 꼼꼼하게 촘촘하게 다루어야 할 것이다. 누구나 숨 쉬는 공기가 위험해서는 안 된다. 그것은 재난이다. 재난의 위기에서 구하도록 대책을 마련할 것이다. 일단 해보는 것으로...!!

미세먼지를 미세하게 다루는 것을

되게 혼났네

원래 기사로 난 제목은 '사당에서 물놀이하고, 흑석에서 북캉스 한다!'였다. 내가 기획경제위원장으로 동작구를 위해 일한 것이 보람이었던 2020년. 동작 지역 예산 2,143억을 확정시키고, 언론에 보도 되어 되게 혼났다.

서울시 112개 사업, 교육청 148개 사업에 동작구 예산 반영을 이끌었다. 서울시의회 [기획경제위원회 위원장으로 활동 중인 유 용 서울시의원(더불어민주당, 동작4)이 동작구 관련 2020년 예산으로 2,143억 원이 확정] 시켰다고, 언론이 이를 밝혔다가 동료들에게 되게 구박 당했다. 많이 챙긴 것을 나중에 알고 혼난 것이다.

"형, 술사라."

제290회 서울시의회 정례회에서 2020년도 동작구 관련 예산으로 서울시 예산 1,957억 원과 서울시교육청 예산 186억 원이 편성되었다. 일명 지역구 챙기기. 동료 시의원들이 핀잔을 주었다.

"소리 소문도 없이 알음알음 많이도 챙겼네…"

그런 거였다. 주민 의견을 최대한 반영하기 위해, 당시 김병기 국회의원님과 이창우 구청장과 김정환, 김경우, 박기열 시의원 등이 다 함께 노력한 결과였다. 서울시 시의회에서 기획재정위원장은 예산을 조율하는 기능이 강하다. 그 조율은 주고받는 것이다. 동작구를 위해 기획재정위원장을 한 것이 내겐 큰 기회였다. 국회에서의 지원과 더불어 동작구 시의원들과 잘 짜고, 다른 구 시의원들과 끊임없이 주고받았다.

'내가 먼저 적극 도와주면, 우리 것을 얻을 수 있다.'

오히려 그런 마음이 예산을 배정할 때, 우리 것을 챙길 때 큰 도움이 된다.

"어려운 거 없어? 뭘 도와줘?"

우리 예산을 확정하기 위해 서울시 실무 담당자들도 돕고, 다른 구 시의원들의 어려운 일도 뭐든 돕고 또 돕자. 이렇게 마음먹고 입버릇처럼 어려운 일 없냐고, 뭘 도와줄까? 그리고 열심히 도와줬다. 마치 내 일처럼 도와줬다.

그러니 내 일에, 우리 예산에 반대는 커녕 더 도와주더라. 이렇게

동작-흑석-노들역 간 수변 접근성 강화를 위한 보행네트워크 조성. 훗날 충효순례길의 바탕이 될 것이라는 믿음으로 시작했다.

예산 편성 중 가장 공을 들인 사업이다. 동작역에서 여의나루역에 이르는 한강변 보행로 조성이다. 해당 구간은 그동안 좁고 어두워 낙후된 공간으로 방치돼 있어 전반적인 개선이 필요했다. 서울시는 이에 보행접근성을 높이고 부족했던 녹지, 문화시설 등을 확충할 계획이다. 실제 2019년 동작구 1인당 평균 공원공급면적은 11.50㎡로 서울시 평균인 17.23㎡에 크게 미치지 못한다. 공원이 절대 부족한 지역이다. 시는 총사업비 84억 7천만 원을 투입(2020년도 동작권역 24억 6천만 원)해 7월에 착공하고 2021년 6월을 준공 목표로 추진하게 했다.

주요 동작구 관련 사업 예산을 분야별로 살펴보면,

사회교육복지 분야에 ▲대방동 지하벙커를 활용한 청소년문화의 집 건립 23억 ▲노후어린이집 시설 보강 10억 ▲거점형 키움센터 설치 4억 등 총 19개 사업에 약 314억 원이 반영됐다.

환경보전 분야는 ▲현충근린공원 내 물놀이장 조성(5억)을 포함한 시 공원 유지관리 11억 ▲서달산 등산로 정비 2억 ▲현충, 상도, 까치산공원 등 장기미집행 도시공원 보상사업 273억 ▲현충근린공원 배드민턴장 정비 등 12억 ▲사당, 이목 배수분구 하수관로 종합정비 83억 등 46개 사업에 약 503억 원이 편성됐다.

도로교통 분야는 ▲사당로 확장 83억 ▲노들 남북고가차도 철거 112억 ▲노들로 구조개선(대방~본동 일대) ▲노들 남북고가차도 철거 112억 ▲어린이 보호구역 개선 2억 ▲지하철역 승강편의시설 설치(사당역 8번, 남성역 2번, 장승배기역 5번) 25억 ▲지하철역 화장실 확충(사당, 숭실대입구, 신대방삼거리, 상도, 남성역) 등 10개 사업에 640억 원이 반영됐다.

주택도시 및 도시안전관리 분야는 ▲동작역에서 노들역에 이르는 한강변 보행네트워크 조성 25억 ▲백년다리 조성(한강대교 남단 보행교) 93억, ▲임대주택 시설투자비(흑석청호, 한강 등) 100억 ▲흑석 빗물펌프장 이전 및 용량증대 사업 40억 등 25개 사업에 435억 원이 편성됐다.

산업경쟁력제고 및 문화관광진흥 분야는 ▲남성사계시장 주차장 건립 4억 ▲중앙대 캠퍼스타운 추진(흑석동) 17억 ▲흑석동 복합도서관 건립 17억 ▲사육신 추모대제 등 지원 2억 등 12개 사업에 64억 원이 반영됐다.

교육 분야는 ▲은로초 필로티 천장 마감재 개선 4천 8백만원 ▲흑석초 조회대 신축 및 교사외부도장 9천 7백만원 ▲동작중 친환경 운동장 조성 2억 6천만원 ▲중대부중 LED 및 천정재 교체 2억 7천만원 등 총 148개 사업에 약 186억 원이 지원된다.

더불어 잘사는 동작의 미래, 역시 돈이다.

2021년에는? 역시 줄었다. 자리가 일하게 했네!

언론이 서울시의회 유용의원이 지난 제298회 서울시의회 정례회에서 2021년도 동작구 관련 예산으로 총 1,336억원(서울시 예산 1,186억원 / 서울시교육청 예산 150억원)을 확정 시켰다고 밝혔다.

올 2021년 편성된 주요 동작구 관련 사업 예산을 분야별로 살펴보면, 사회복지 분야에 ▲자치구 가족센터건립 3억 1천 3백만원 ▲장애인 직업재활시설 기능보강 1억 8천 8백만원 ▲보라매병원 위탁운영 31억 5천 6백원 등 총 10개 사업에 총 54억 원이 반영됐다.

환경보전 분야는 ▲서달산 등 근교산 등산로 정비 11억 ▲동작구 흑석동 256-1 일대 현충근린공원 조성 20억 ▲이목 배수분구 하수관로 종합정비 40억 ▲사당 배수분구 하수관로 종합정비 41억 등 28개 사업에 총282억 6천 8백만원이 편성됐다.

도로교통 분야는 ▲어린이 보호구역 개선 2억 ▲지하철역 승강편의시설 설치 28억 5천 ▲사당로 (구) 범진여객~솔밭로입구 도로 확장 42억 6천 2백 등 11개 사업에 총 472억 4천 2백만원이 반영됐다.

주택도시 및 도시안전관리 분야는 ▲한강변 보행네트워크 조성(샛강합류부~동작역 한강수변) 18억 2천 ▲백년다리 조성(한강대교 남단보행교) 50억, ▲흑석 빗물펌프장 정밀안전진단 1억 6백 등 32개 사업에 총 280억 2백만 원이 편성됐다.

산업경쟁력제고 및 문화관광진흥 분야는 ▲남성사계시장 시설현대화사업 1억 4천 ▲중앙대 캠퍼스타운 추진(흑석동) 6억 7천 6백 ▲흑석동 복합도서관 건립 23억 3천 4백 ▲사육신 추모대제 등 지원 1억 5천 등 16개 사업에 총 76억 2천 5백만 원이 반영됐다.

교육 분야는 ▲흑석초 컴퓨터실과 특수교실 환경개선 1억 5천만원 ▲동작중 교육환경개선 3억 6천 1백만원 ▲중대부중 도서관 및 학생

식당 환경개선 5천만 원 등 총 100개 사업에 약 150억 원이 지원된다.

유용 의원은 "주민 의견을 최대한 반영하기 위해 동작구청(이창우 구청장)과 이수진, 김병기 국회의원을 비롯한 4명의 시의원(김정환, 김경우, 박기열, 유용)이 함께 노력한 결과 좋은 성과가 나왔다" 며 "앞으로도 더불어 잘사는 동작의 미래를 위해 노력하겠다."고 말했다.

서울신문 온라인뉴스부 iseoul@seoul.co.kr

동작애 봉달이 愛 유용

태권도 다시 날게

세계에서 가장 인기 있는 프로그램 중의 하나인 미국의 [갓오브탤런트] 오디션 프로그램에서 세계태권도연맹의 시범단이 2020년 준우승자가 되었다. 무려 1억 명 이상이 이를 시청하고, 세계인들이 원조 한류 태권도의 멋진 매력에 날이 갈수록 글로벌 태권도인이 늘고 있는 지금이다.

참 어처구니없는 행정 아닌가?

그랬다. TBS특별취재팀의 단독 보도에 따르면 그들만의 리그가 형성된 서울시태권도협회는 여전히 비상식적인 인건비, 급여성 경비 등 사유화나 다름없는 조직을 유지하기 위해 어처구니없는 행정을 자행하면서, 협회에 문제를 제기한 많은 청년들과 회원들을 힘들게 했었다.

서울시 태권도 학교운동부는 초등팀부터 실업팀까지 총 69팀이고, 매해 2,000명의 태권도학과 학생들이 졸업을 하고 있다.

갈 곳이 별로 없다. 태권도학과 졸업생은 코치, 관장, 사범 등 지도자가 되는 것이 확실한 길이지만 처우가 매우 열악하다. 태권도장 역시 운영이 어려워 안정적 형태의 고용이 현실적으로 힘든 것이 사실이다.

"태권도 도장 활성화, 학교팀 및 실업팀 창단, 태권도 지도자 처우개선 등 회원들이 체감할 수 있는 지원 정책 마련이 절실한 상황이지만, 서태협 직원들과 임원들은 본인들 배 채우기에 급급하다."

"서태협은 심사업무와 관련 없는 경조사비, 장학기금을 심사비에 포함하여 응심자에게 알리지 않은 채 징수해 공정거래위원회로부터 과징금 5,700만원 처분 받았지만, 또 다시 '회원의 회비'라는 항목으로 명칭만 교묘히 변경하여 현재 심사업무 서비스에서 독점 지배적 사업자로서 태권도 지도자들의 생존을 위협하고 있다."

회원들은 도장등록비를 납부 후 회원으로서 체감할 수 없는 지원 정책이 전혀 없다고 했다. 심사수수료, 도장등록비, 명의변경비, 심사업무와 전혀 관련 없는 회원의 회비를 응시생 수에 비례하여 심사수수료와 연동하여 납부하는 회원의 회비 등 각종 수익금으로 비상근 임원에게 상식 밖의 급여성 경비로 지출하거나, 임원 결격 사유자에게 부당하게 일비를 지급하고 있는 등 협회 내 돈 잔치를 열고 있다는 것이 대다수 민원들이었다. 수차례 감사로 밝혀진 바도 있었다.

문제의 핵심은 서울시태권도협회 정상화였다.

2021년도 이어진 코로나19 팬데믹 상황에서 서울시태권도협회에 강석환 회장이 새로이 선출되고, 그 과정에서 서울시체육회와 서울시 시의회는 대립했다. 서울시태권도협회장의 추인이 안 되니, 산하 구 협회장도. 그렇게 서울시태권도협회는 계속 마비 중이었다.

'국가적 위기. 태권도장들도 어려운데…'

해결은 어렵지만 양보에 있고, 타협에 있었다. 그 양보는 시의원들에 대한 설득이었다. 감히 나섰다. 태권도장들이 다 망할 상태인데 이를 지원하거나 대책을 세워야할 협회가 마비라면 문제 중의 문제니까. 할 수 없이 문화체육위원회 소속으로 안할 수 없었다.

"신임이잖아. 그것들은 신임 강 회장이 한 건 아니잖아"

그렇게 설득했다. 그리고 추인해주게 했다. 마비가 오면 풀어야 산다. 가슴이 답답한 것도 풀어야 산다. 서울시태권도협회가 사무활동이 풀리고, 신임 강회장님 이하 구 협회장님들이 다들 태권도장들을 살리기 위해, 더 애를 써 주어야 할 때다. 지금, 태권도가 더 날게. 더 날 수 있도록. 지원할 방법을 연구하고 머리를 맞대기로 했다.

주인철 동작구태권도협회장께서 코로나로 휘청거리는 태권도장 관장님 사범들, 그 가족들... 우리 아이들. 다들 힘들 때라고 했다. 그렇다. 얼마나 힘들까

'태권도장, 더 격려할 방법을 찾아야 한다.'

50kg 살아있네

나이 60에 60kg을 해보고 싶었는데… 괜히 그러다 허리라도 삐끗하거나 못 들면 그것이 더 망신이라서 할 수 있는 최선을 다해보려 했다. 그래도 다행인 것이 50kg이면 괜찮은 건지. 다들

"50kg? 와… 살아있네"

그리 말해주었다. 그런가 싶어 괜히 우쭐거린 날, 그 날의 힘은 전혀 다른 것에서 나온 줄 다른 이들은 몰랐다. 서울시의회 의원회관에서 10kg 쌀 포대 5개를 들어올려 50kg을 기부했다. 일명 '라이스버킷챌린지'에 기꺼이 동참했다.

'라이스버킷챌린지'운동은 전국 쪽방촌 거주민에 대한 관심을 높이고, 소외된 이들에 대한 더욱더 많은 나눔을 나누고자 기획된 행사이다. 이 캠페인은 사회적 약자인 소외된 이웃의 삶의 무게를 함께 느껴보고 체험하며 나눔의 손길을 전하기 위해 서윤성 나눔스토어 대표가 만들었다. 연출에게 지목 받은 참가자는 24시간 안에 쌀 30kg

이상을 들어 올려 쪽방촌에 기부하는 것이다. 이렇게 사회적 지도층 인사와 저명인사들의 릴레이식 동참으로 행복한 나눔을 계속 이어가고 있는 행사이다.

'동작구 대표 봉달이, 내가 망신을 당할 수는 없지 않은가.'

국내 쪽방촌은 서울, 인천, 대전, 대구, 부산 지역에 파악된 인원만 6천명에 달하며, 전국에 1만 명 이상이 2평 남짓한 일명 쪽방에서 거주하는 것으로 알려져 있다. 그들의 삶에 한 봉지 쌀이 얼마나 소중한 것인지. 많은 봉사 현장에서 더 많이 보고, 느끼고 체감했었다.

이번 행사에 최조웅 행정자치위원장의 지명을 받았다. 라이스버킷챌린지 참가 지목을 받고 먼저 몸 상태를 최상으로 만들어야 했다. 갑작스레 뭘 할 수는 없었고. 단지 마음속으로 1kg이라도 더 들어야지... 그 마음으로 했는데

쌀포대가 하필 10kg짜리였다. 몇 kg은 더 할 수 있었는데... 그런 마음을 뒤에 놓고, 그 10kg 쌀포대 하나에 한 분, 다섯 분은 책임지고 업어 드리고 싶었다.

"끙, 차-"

그랬다. 그 마음으로 들었더니... 50kg은 들렸다. 그렇게 들고, 업어드린 것 같아서 마음이 흐뭇해지고 나자, 다음 참가자로 교통위원회 소속인 신언근 의원과, 최판술 의원 2명을 지명했다. 힘 좀 쓸 것 같아서. 좀 더 들어보라고 그리 했다.

이 추운 겨울, 쪽방촌에 거주하시는 분들이 많이 걱정이 된다. 더 많이 돌아보고, 앞으로도 어려운 이웃들을 위해 더 노력하겠다. 기부문화가 더 확산되기를 기원한다고 소망했다.

쌀 포대 쪼끔 들고서 뿌듯해져서.

초선이야?

미인 초선이 있었다. 정사(正史) 삼국지에는 없고, 소설 나관중의 삼국지연의에는 등장하는 가공의 인물, 중국 4대 미인이라는 초선이 있다. 일반적으로 서시, 왕소군, 양귀비와 함께 중국 사대 미녀 중의 한 명으로 꼽힌다.

"초선 같지 않네요?"

분명 남자인데. 초선 같지 않은 초선이란다.

"많이 해봐서 그래요."

많이 모셔봤다. 국회 비서관으로. 지역의 정치인을 모시고, 정말 열심히 일했다. 또 그렇게 출마도 하고 떨어지고. 몇 번 떨어지고 알게 됐다. 떨어져본 사람은 떨어진 이후 처진 어깨 아래로 더 쳐진 손을 어디 둘 곳이 없음을 잘 안다.

어깨만 처지는가. 아니다. 고개도 숙여진다. 겸손은 승승장구만 한 사람이 얻기엔 너무도 쓰디 쓴 교훈이다. 처절한 패배, 버림받은 느낌들. 그런 결과로 잘 할 것만 같은, 무조건 될 것만 같은 착각을 버리게 하고 똑바로 보게 한다. 진심을 가지고 정말 겸손하게 해도 해도 쉽지 않은 것. 그것이 초선이 되게 했다.

초선의원임에도 불구하고 인터뷰 기사에 실릴 촬영을 하는 사진기자의 카메라 앞에서도 어색해하지 않는다고 하고. 정치적인 소신도 명확하게 밝힌다고 News1 윤혜진 기자인터뷰 기자가 얘기했을 때, 그랬다. 미인 초선은 나관중이 만들었다. 정말 삼국지 이야기 속에 중국 4대 미녀로 만들었는데... 초선 같지 않은 초선 유용은 낙선이 잘 가다듬고 잘 깎고, 그렇게 가공해서 만들었다.

유용 시의원은 누군가의 눈치를 보지도 않았고 사람을 대하는 태도도 자연스럽게 그간의 실패가 만들어 주었다. 오랜 실패에는 길고 긴 낙담과 그래도 도와준 친구들이, 선배님들이, 후배들이 그렇게 줄줄이 연이어 걸려있다. 이끌어 주시고, 또 밀어주고...

"나는 서글서글한 성격으로 사람들을 편안하게 해주는 스타일"

사람들과 부대끼며 느끼는 정을 소중하게 생각한다. 나는 나를 이렇게 소개한다. 비싼 양주에 고급 안주 대신, 동네 호프집에서 한 잔에 몇 천 원 하는 생맥주 마시는 게 더 좋은 나는 비싼 술도 좋지만, 나는 생맥주만 마신다. 생맥주는 누가 술값을 내더라도 부담이 없다. 비싼 술은 사주기도, 대접을 받기도 서로 부담스럽지 않은가.

편한 성격 덕분에 내 방에는 평소 의원들이 자주 오간다. 얼굴을 보러오기도 하지만 때로는 서울시에 제기할 민원들을 가지고 동료들이 찾아오기도 한다. 국회 시절을 포함해 정치권에만 15년을 있어서 조금 노하우가 다르게 있다. 정치권에 들어와서 배운 게 의견을 조율하는 일이다. 의원들이 직접 말하기 어려운 것들을 내가 대신 나서서 부탁하고 해결해 준다.

"의원들 세 명 모으는 것보다, 돼지 100마리 모으는 게 더 쉽다."

이런 말이 있을 정도로 사실 의원들을 한 자리에 모으긴 쉽지 않다. 그래도 워크숍에 스무 명 내외의 의원들을 참석시킨다. ㅋ

타고난 정치인으로 보인다는 소리를 듣기도 하지만, 사실 나는 교육자 집안에서 태어났다. 내무대신이자 교육자였던 유길준님이 직계 조상님이시다. 유길준 할아버지가 세우신 '은로초등학교'를 나왔다. 돌아가신 아버지도, 장인도 교직에 계셨고. 형제 친척들 가운데서도 교직에 있는 이가 수두룩하다.

교육에는 투자를 해야 한다.

교육이 돈이라는 것을 그래서 안다. 교육위원회를 하면서 그것은 특히 강조했다. 곳간에서 인심 나듯 예산이 일을 하게 한다. 그렇게 했다.

하지만 막상 나는 공부를 잘하지는 못했다. 노는 걸 좋아했다. 5형제 중 장남인 나는 대학에 다니던 중, 어머니가 운영하던 전자대리점을 이어받아 운영했다. 넷째 동생까지 결혼을 뒷바라지한 후에, 그 때, 관심을 가지고 있던 정치에 뛰어들었다.

2000년 민주당 청년위원회 활동을 시작으로 2002년 구의원 선거에, 2004년 · 2006년 · 2010년 시의원 선거에 출사표를 던졌으나 모두 경선에서 미끄러졌다. ㅠ

"마지막 선거 때는 경선이 불합리한 탓도 더해서 근소한 차이로 졌었다. 굉장히 절망했던 시기."

4전 5기라는데. 나도 네 번 떨어졌다. 절망에 빠져있던 나는 중앙대학교 행정대학원을 졸업해 받은 2급 사회복지사 자격증을 발판으로 동작구 자원봉사센터 사무국장으로 활동했다. 방범봉사대장 12년을 포함해 당시 총 십 수 년 간 지역봉사를 해오며 일명 '봉달이(봉사의 달인)'이라는 별명을 얻었다.

우리 지역은 2만 시간동안 봉사를 하신 분도 있을 정도로 봉사활동이 활발하다. 그 분들에 비하면 참 부끄럽다. 그 분들을 본받아서, 소외당하고 외롭게 살아가는 주민들에게 내가 힘이 될 수 있도록 열심히 움직이겠다고 항상 다짐하고 또 그렇게 의정활동을 했다. 출마했을 때, 미인 초선도 아닌데... 일 잘하라고

봉사자들이 천 마리 학을 직접 접어 응원해줬다. 초선 때, 그 초심 잃지 않으려고 항상 초선이야. 미인 초선이야. 그렇게 일하고 또 일했다. 재선이 되어서도 그랬다. 항상 그럴 것이다.

앞으로도 영원히, 초심미인 초선을 마음에 새기고...

동작애 봉달이 愛 유용 谷

나는 비상벨이고 싶다

최근 서울 시내 한 학교의 학부모 A씨는 자녀로부터 학교 비상벨에 대한 얘기를 듣고 평소 살짝 고민해왔던 이민 생각을 더 깊게 하게 됐다고 했다. 학생 안전을 책임져야 할 학교 관계자들이 학교에 고장 난 비상벨을 그냥 놔두다니요? 세월호가 가라앉을 때 퇴선 명령을 안 한 선장과 다를 게 뭐가 있습니까? 그렇게 문제를 제기해 와서 충분히 듣고 또 들어주었다.

갑자기 화재 경보 비상벨이 울려 당황해서 뛰어 나갔는데, 정작 다른 학생들이나 선생님들은 '그러려니' 하는 표정으로 아무렇지도 않게 공부하고 일하더란다. 웬일인가 알아봤더니, 이 학교 비상벨은 한 달에도 몇 번씩 이렇게 아무 이유 없이 울려 사람들을 놀라게 한다는 것이다. 이를 들은 A씨는 어이가 없어서 학교에 가서 따졌지만, 선생님들은 '별 것도 아닌 일에 웬 난리냐'라며 뚱한 표정이었다며.

A씨는 학교 비상벨이 고장 났다는 것 자체도 황당한 일이지만, 고장 난 채로 방치한 선생님들도 도무지 이해할 수가 없다며 양치기 소년

의 얘기처럼 만약 정말 불이 나 비상벨이 울렸는데도 학생이나 선생님들이 고장 나서 그런 줄 알고 대피를 서두루지 않게 된다면 자칫 대형 참사가 발생할 수 있는 일인데... 이렇게 무감각하다니 있을 수가 없는 일이라고 말했다.

A씨는 이어서 온갖 안전 부실과 해이가 겹쳐서 발생한 세월호 참사로 수많은 학생들이 목숨을 잃었고, 이후에 교육 현장에서도 경각심을 갖고 안전 문제를 살펴봐야 한다는 목소리가 높았지만, 정작 비상벨 같이 중요한 안전 문제도 아무도 신경 쓰지 않는다는 것을 알았다며, 정말 이런 나라에서 아이를 키우고 싶지 않다. 이민을 가야겠다는 생각이 더 강해졌다고 한탄했다.

이민이 어디 그리 쉽나?

서울 시내 각 급 학교 중, 화재 · 재난 · 범죄 등 비상시에 대비한 비상벨이 설치된 곳이 전체의 3분의1에 불과했다. 그나마 고장이나 오작동이 빈번한 것으로 나타났다. 학부모들이 교육 당국의 무신경과 업무태만에 경악을 금치 못할 만 했다.

서울시내 초 · 중 · 고등학교 1301개 중에 비상벨이 설치된 학교는 504개로 전체 학교 중 38%에 불과했다. 그나마도 편중 현상이 심했다. 대다수의 비상벨은 초등학교에 설치되어 있으며, 중·고등학교는 설치된 곳이 거의 없었다. 전체 초등학교 599곳 중 487개교에 비상벨이 설치된 반면, 중학교는 384개교 중 11곳, 고등학교는 318교 중 6곳에만 설치되어 있는 것으로 조사됐다.

고장이나 오작동 되는 사례도 빈번하다고 했다. 지난해 서울 시내 학교에 설치된 3196개의 비상벨에서 1006회의 오작동이 발생했다. 설치대수 대비 3분의1에 달한다. 비상벨 설치학교 504개교 중 오작동 발생한 학교 수는 75개 학교로 파악이 됐다. 10회 이상 오작동이 발생한 학교도 40개교에 달했다.

다 달게 해줘야지이...ㅆ

학교 폭력과 학교 내 범죄 및 안전사고 예방 목적으로 설치한 학교 비상벨이 설치 목적을 달성하지도 못할뿐더러 무용지물로 전락하고 있는 현실이었다. 학교에서 학생들의 안전을 책임져야 하는 서울시 교육청과 학교 측은 학교 폭력 등 큰 일이 발생했을 때, 초동대치도 불가능할 정도의 수준이다.

이게 방관할 일이냐고 질타했다. 화가 나서, 더 목소리가 컸다. 유별난 내 큰 소리에 다들 깜짝 놀랐는데. 비상벨은 비상 시 누른다. 급한 마음에 응답은 커녕 누를 것 마저 없다면?

나는 비상벨이고 싶다. 어렵고 힘든 이들의 부름에 반드시 울리는.

님비현상에 종합병원은

다들 환영이란다. 신도시가 개발되고 큰 종합병원이 들어간다면 다들 환영이다. 코로나19 팬데믹 현상으로 이러한 경향은 더 커질 것이다. 삶과 죽음의 갈림길에 섰을 때, 대한민국의 종합병원은 믿을 수 있는 거의 유일한 곳이 된다.

세계 병원 순위가 발표되기도 한다. 한국의 종합병원들은 각종 분야에서 Top 10에 들기도 하고, 하여간 상위권이다. 이렇게 얘기했다가 의료 서비스 컨설팅 사업을 하던 분께 혼났다. 아시냐고? 한국의 종합병원과 다른 유명 병원들과 비용과 치료 기간을 대비해서 성공률을 찾아보셨냐고?

비용과 시간 대비?

같은 암을 완치 즉 5년 후 생존율 등을 수치화해서 비교하려면 그에 드는 비용과 시간을 고려해야 하지 않는가. 하는 데… 맞는다는 생각이 들었다. 맞다. 같은 비용과 시간, 기준이 동일해야지.

미국에 비해 비용은 약1/10, 시간, 즉 치료기간은 약1/5. 그리고 그 성공률은 미국 등의 최고급 병원들이 98%라면 한국의 종합병원들은 90%에서 97% 사이. 일본에 비해서도 1/3 비용에 1/5 기간에 오히려 치료 성공률은 더 높다. 그게 한국의 종합병원 위상이다. 게다가 한국의 병원들과 의사들은 봉사활동에도 앞장서고 있다. 해외 난치병 환자들이 한국에서 치료된 미담들이 해외 언론에 자주 오른다.

자랑스러운 우리 의료진이 아닌가.

이런 종합병원들이라서 그런지. 동네에 신도시나 큰 개발이 있을 때 그런 종합병원이 들어서는 것에 대환영이다.

화장장은 님비현상으로 기피하지만.

서울특별시 장사 등에 관한 조례 일부개정조례안을 대표 발의한 적이 있다. 장기기증에 대한 국민적인 관심이 증가하고 있다. 하지만 외국에 비해 장기기증률은 매우 낮아 이식을 기다리는 환자들이 제때에 이식을 받지 못하고 있는 실정이다.

자신의 소중한 신체 일부를 불치의 환자들에게 아무런 조건 없이 나누어 주는 장기기증등록 활성화와 장기기증자에 대한 예우 및 지원을 확대하고, 서울시내 의·과학 대학의 의학발전에 기여할 수 있도록 연구용으로 기증된 시신에 대하여 화장시설 사용료를 전액 감면하는 것이 주요 내용이었다.

장기기증자에 대한 예우가 제대로 추진되지 않아 서울시가 설치 및 관리하는 시설물의 사용료 등을 감면함으로써 그 실효성을 제고하고 장기기증자에 대한 지원 규정과 함께 장기기증등록 활성화에 도움이 되고자 제안하게 되었다.

꼭 해보고 싶은 것이 있다. 환영일색인 종합병원. 앞으로 코로나19 팬데믹 같은 현상이 또 없으리라는 보장은 없다. 즉 언제든지 병의학적인 큰 사고가 터지고 수습하려면 종합병원 중증 치료시설들이 더 많이 필요하게 되었다. 그런 의료시설들은 더 환영받게 될 것이다.

종합병원 유치하겠다. 이렇게 얘기하면 어디에서든 환영받을 것이다.

그러나 더 하고 싶은 일은 님비현상으로 갈 곳 없는 화장장 문제다. 이제 사람만이 문제가 아니고 동물, 반려견, 반려동물 사후 문제가 정말 심각하다. 매장도 화장도 매장지도 화장터에 묘지도 다 문제다. 갈 곳이 없다. 아니 오라는 곳도 없고 가려하면 무조건 반대다.

실상 집값도 땅값도 다 떨어진다고 한다. 할 수 없다. 내 생각으로 될지 모르겠지만.

'환영과 반대의 줄타기를 해야 한다.'

종합병원 내에 동물병원도 넣고, 별도 호스피스병원과 장기 요양시설, 장례식장만이 아니라 화장장 시설도 넣어야 한다. 화장시설은 실제 각 종합병원의 지하에 있는 특수적출물처리소각시설을 30~50평 정도로 확대하면 충분히 가능할 것이다. 수술 등으로 발생하는 인체의 부속물들이나 그 관계된 의료처리물들을 태우는 시설이 이미 종합병원 시설에 있으니까. 이걸 확대해석해서… 그렇게 하면 충분히 가능하니까… 최근 플라즈마 소각시설은 다이옥신도 안 나오고, 완벽하게 처리할 수 있다고 한다. 실상 이미 같은 특수적출물들을 소각처리도 하고 있다. 그것을 확대하면 실현가능성이 있다.

호스피스병원에서 돌아가시면, 바로 그 병원의 외친 한편에서 화장하고, 또 장례식장에서 장례하고, 근처 동네 교회나 사찰, 아니면 수목장으로… 큰 영구차로 이동하는 것 말고, 작은 승용차로도 갈 수 있다.

님비현상으로 피하는 시설은 환영 받는 시설에 잘 끼워줘야 한다.

그래서 이득과 손실의 균형을 찾아야 한다. 그렇게 소박하게 조율하는 아이디어가 내게는 있다. 됐으면 좋겠다. 일이

단순해지는데...

공무원 팔아 청년 일자리

만들어야 한다. 일자리는 무조건 많이 만들어야 한다. 그런데 일자리 만드는 방안 중에 하나가 우리 공직 사회에 있다는 것을 깨닫는다. 공직사회에 정년이라는 것이 있고, 안식년 혹은 휴식, 연수라는 것이 있다. 말년 병장은 낙엽 떨어지는 것도 조심한다는데 공무원 연금 기다리는 공무원 말년은 쉬엄 쉬엄이 아닐 수 없다.

정년퇴직 1년 정도 앞두면, 다들 쉬라고 한다. 쉬잇- 조용히 쉬면서 남은 인생 뭘 할까 어디로 갈까 계획이나 하란다. 공무원 연금은 자식 잘 키워놨다면 두 부부 적당하게 살기에 족할 정도는 된다. 그렇게 다들 생각하고 여행갈 생각에 좋은 나라 찾아 해외여행 갈 계획 잡던 것이 코로나 이전의 공직사회 말년들의 모습이었다.

'그런 공무원 다 팔아야 하는데...'

이런 생각 끝에 문득 그 얘길 해버렸다가 박수를 엄청 받았다. 나만 그렇게 생각한 것이 아니었나 보다. 한국의 공무원은 6.25 전쟁 이후

부터 지금까지 처절한 폐허 위에서 반듯한 대한민국을 만드는데 앞장 서 왔다.

"구더기에서 비데까지, 다 봤지."

가난했던 그 시절부터 글로벌 선도국가로 발돋움하는 나라에서 행정공무원들은 순환보직제도로 인해 2~3년마다 행정의 이곳저곳을 떠돌았다. 다른 선진국에서는 일찍이 볼 수 없었던 이 제도는 한 자리에 있으면 고인 물 썩듯 부정부패에 물들 것을 우려한 고육지책인데 그것이 신의 한수가 되었다.

"잡 것들이지. 온갖 파트 다 배웠지. 알지 행정 전반을..."

그래서 그렇게 알게 됐다고 한다. 순환 보직으로 이곳저곳 일을 하다 보니, 20년 넘어 30여년 정년퇴직할 때 쯤 되면 웬만한 행정들은 다 거치고 거쳐 달인이 되어버린다. 한 두 번 안 거친 데가 없을 테니까. 행정의 만능키 같은 사람들이 되었다. 이런 선생님들이 어디에 또 있을까?

"한국의 발전을 이끈 노하우를 가르쳐 주십시오"

이게 해외 행정기관들의 요청이다. 전 세계. 수많은 개발도상국들. 우리보다 못한, 그 가난한 곳에서 대한민국의 행정이라는 온갖 민원들과 발전을 위해 계획하고 실행하며 집행하면서 축적해온 그 노하우들을 요청한다. 그래서 팔아야 한다. 보내야 한다. 공무원 퇴직 2년 전 쯤이 적당할 것 같다.

필요한 나라에 보내버리자.

각 나라에 우리 말년 공무원들 데려다 잘 쓸 곳 선착순으로 모집하면 많이 신청할 것이다.

"개발도상국 원조 하잖아."

ODA 자금지원으로 노하우 풍부한 인력을 지원하는 것. 그 지원은 그들에게는 온갖 행정의 선수들을 용병으로 쓰는 것이고, 우리에게는 교류협력의 첨병을 보내는 것이다. 월급은 어차피 나갈 것이니. 그 월급 한국에서 받고 해외 개발도상국에서 봉사하게 하는 것. 그것이 또 다른 K 행정 한류의 시작이 아닐까

그 공무원들 빠진 자리에, 우리 청년들이 뭔가 할 수 있는 일들이 있을 듯싶다. 우리 공직 사회에 인턴들을 보다 늘리고, 각 나라에 행정

노하우를 가진 공무원들과 글로벌 언어에 능숙한 청년들을 묶어서 보내면?

"같이 팔자. 같이 보내면 되겠네."

서울 청년취업자 10명 중 4명은 비정규직이다. 서울시 청년 아르바이트 직업 생태계 실태조사를 하게 했다. 이들 청년들은 주로 편의점, 음식점. 일반주점, 패스트푸드, 커피전문점 등에서 일하는 것으로 나타났다. 2016년 기준(1/4~3/4분기) 서울지역 청년 아르바이트 일자리 공고 수 1위는 음식점이었고, 편의점, 주점 및 호프, 패스트푸드점, 커피전문점 순으로 이들 5개 업종이 전체 상위 40위 이내 일자리(약 30만 건) 중 57.2%(약 17만 7천 건)를 차지했다. 이들에게 시야를 넓게 가질 수 있는 장기적인 일자리를 많이 만들어 주고 싶다.

생각을 더 하자. 더

[인터뷰] 기획경제위원장

"중·소상공인 자생력강화, 생활임금 정착과 확대, 노동권익 보호 등 집중"
"단순히 일자리 수 늘리기보다 제공하는 일자리 질 개선으로 방향 전환"
"지방분권은 '강 단체장'-'약 의회'라는 기울어진 기형적 자치제도 청산"
"지방자치단체에 도매시장법인 평가와 지정 권한 '농안법' 개정 바람직"
"친일인명사전 필사 참여, 더욱 역사에 반성하는 의미에서 글을 썼다"

유용 서울시의회 기획경제위원장 © 시대일보 정상린 기자

서울시의회 유용 기획경제위원장(더불어민주당, 동작 제4선거구)은 10일 오전 본지와 인터뷰 자리에서 "단순히 일자리의 수 늘리기보다는 제공하는 일자리의 질 개선으로 방향을 전환하여 중·소상공인들의 경영안정과 자생력강화, 사회적 경제 육성과 확산, 생활임금의 정착과 확대, 노동권익 보호 등에 집중할 생각"이라고 말했다.

이날 유 위원장은 지방분권과 관련, "지방분권은 '강단체장'-'약의회'라는 기울어진 기형적 자치제도를 청산하는 일"이라고 못 박았다.

또한 서울시농수산식품공사의 지정권한을 가져가 돌려주지 않고 있는 농림축산식품부와 논쟁에 있는 '농안법'에 대해서는 "지방자치단체에 도매시장법인 평가와 지정 권한을 주도록 '농안법'을 개정하는 것이 바람직하다"는 소신을 피력했다.

한편 '친일인명사전 필사운동' 참여에 대해서는 "자신은 더욱 역사에 반성하는 의미에서 글을 썼다"고 고백했다.

다음은 서울시의회 유용 기획경제위원장과의 일문일답이다.

◇ 제10대 서울특별시의회 기획경제위원회(이하 기경위) 위원장으로 선임을 축하드립니다. 기경위는 서울시의 예산 및 조직운용과 산업경제분야에 이르기까지 서울시정의 핵심적인 부서들을 피감기관으로 두고 있다. 이에 대한 의정 철학과 앞으로 중점적으로 펼칠 정책은?

◆ 기획경제위원회는 업무상 너무 복잡하고 어렵다. '서울시'와 '시민'의 안방살림을 돌보는 중추적 위원회이다. 그러나 서울시의원이 보좌진 한사람 없이 서울시정을 감시와 견제하기란 너무 애달프다. 서울시에 대한 연구, 감사, 예산 등 혼자 할 수 있는 일이 아니다. 거기다 기경위원장은 10배 힘들다. 기경위원회에서 저만 살아남고 다

떨어졌다. 기경위에서 해야 할 일은 조직, 예산 등이 있지만 일자리를 중점으로 해야 하지 않을까 생각한다. 노동 문제 등 지속적으로 논의하고 있다. 핵심적인 것은 이것들을 어떻게 조율할 것인지. 어디까지 진행해야 할 것인지 등을 결정해야 하지 않나 생각한다.

동네 지역에 가서 보면 상가의 입체성이 없다. 재래식 상가들이 구색이 안 맞다. 이런 곳 가면 이것저것 사야 하는데 하나밖에 못사는 구조다. 그러니 장사 잘 되냐고도 못 물어 본다. 뻔히 아는데... 이들을 개선하기에는 서울시만 해야 하는 것도 아니고, 서울시 경제팀이 하는 것도 한계가 있다. 정부와도 논의가 필요하다. 서울시 전체가 살아갈 수 있는 먹거리가 있는가? 난 없다고 생각한다. 시민들은 더 좋은 것만 생각한다. 그러나 다 맞춰갈 수는 없다. 시민 인식을 어떻게 맞춰나갈 것인지 논의해야 한다. 시민들과 대화를 더 많이 나눠야하는 부분이다.

서울시민의 삶의 질 향상과 복리증진을 위한 올바른 시정방향을 설정하고, 이 비전과 목표에 맞춰 조직과 예산을 효율적으로 관리하려고 노력하겠다. 미래혁신성장을 주도하고 좋은 일자리를 창출하기 위해 지혜를 모아 나가겠다. 제10대 전반기 우리 위원회는 저성장 기조와 내수경제 침체로 인해 얼어붙은 서민경제를 살리기 위해 앞장설 것이다. 제4차 산업혁명을 선도하는 미래 먹거리 산업을 육성하고 서울형 유망산업 지원을 강화를 골자로 특히, 중·소상공인의 경영안정과 자생력강화, 사회적 경제 육성과 확산, 생활임금의 정착과 확대, 노동권익 보호 등에 집중할 생각이다.

◇ 정부의 소득주도성장정책으로 많은 자영업자들과 소상공인들이 어려움을 호소하고 있다. 정책과 현장의 괴리가 있지는 않은 지 살펴볼 필요가 있다. 항간엔 비어 있는 점포의 수가 늘고 있다며 서울시내 상권이 무너졌다고 보고 있다. 이에 보완할 경제정책은?

◆ 문재인 정부는 6-70년대 고도압축 성장과정에서 발생한 구조적 경제문제인 대기업 중심의 성장, 빈부격차·양극화 심화, 갑을구도 등을 해소하기 위해 근로자의 실질임금을 높여 포용적 동반성장으로 이어지게 했다. 그러나 이들 경제체질개선 정책의 당위성에도 불구하고, 그 효과가 바로 나타나지 않아 대단히 안타깝다.

서울시는 경영 환경이 악화되고 있는 소상공인을 위해 다양한 지원사업과 정책들을 선도적으로 펼치고 있다. 소상공인의 정책 수요가 가장 큰 중소기업육성자금의 경우, 자금이 조기 소진되자 지난 9월 신속하게 추가경정예산을 편성해 150억 원을 추가 지원했다. 전국 최초로 '서울페이'를 도입해 결제수수료 부담을 제로화로 노력하고 있다.

이 밖에도 소상공인에 대한 컨설팅, 시설개선, 홍보·마케팅은 물론이고 철저한 상권분석서비스, 창업 교육 등의 제공으로 조기 폐업을 방지하고 있다. 폐업 예정인 소상공인에 대한 사업정리와 재기를 위한 컨설팅과 원상복구 비용 등의 지원으로 창업 전 단계부터 폐업까지 소상공인의 생애주기별 맞춤형 지원으로 소상공인에게 실질적인 지원이 되도록 노력해 나아갈 것이다.

◇ 통계청의 발표에 따르면 실업자와 미취업자의 수가 계속 증가하고 있다. 청년 뿐아니라 중장년층 재취업 등 일자리대책이 필요하다. 중점적으로 추진할 일자리정책에 대해 밝혀 달라.

◆ 심화되고 있는 실업률과 일자리확보 문제는 심각한 사회문제라고 할 수 있다. 서울시에서도 뉴딜일자리, 시·구 협력적 일자리, 베이비부머 세대를 위한 보람일자리 등 다양한 취·창업 정책을 지원하고 있으나, 실업률을 낮추기에는 역부족인 것이 현실이다.

이제는 단순히 일자리의 수를 늘리기보다는 제공하는 일자리의 질 개선에 힘쓰는 방향으로의 전환이 필요하다. '취업만 되면 된다.'라는 안일한 생각이 아닌 보다 안정적인 자리에서 오래 일할 수 있도록 좋은 일자리를 제공해야 한다. 여기에 취약계층의 취업과 전직 지원을 위한 전문적 기술 교육도 다각도로 마련되어야 한다.

이런 측면에서 올 하반기에 서울시가 시행하는 민간의 강소기업과 협력해서 대학졸업자들을 인턴으로 일하게 하고 정규직취업까지 연결시켜주는 "강소기업 연계형 청년일자리 사업"에 대한 기대가 크다.

또한 비진학·미취업 청년, 실업자 등 취약계층에게 기술교육을 제공하는 "기술교육원"의 혁신방안에 대해서도 위원회에서는 적극적인 의견을 제시하며 논의 중에 있다. 보다 실용적이고 산업수요에 맞는 기술교육을 제공하는 전문교육기관으로 거듭나도록 서울시의회도 함께 노력을 기울여 나아가겠다.

◇ 국회 앞에서 지방분권을 위한 1인 시위에 참여하기도 했다. 지방분권을 위해 어떤 점이 보완되어야 하는지.

◆ 원론적인 얘기를 하자면 이것은 기득권 싸움이다. 현 정부가 대통령하고 장관만 바뀌었는데 지방을 살리려면 재정까지 살려줘야 한다. 직원 선임 문제, 예산문제 등 일을 할 수 있게끔 바뀌어야 한다고 강력하게 생각한다. 제대로 일하게 만들어 달라. 법을 개정해 줘라. 앞서 문재인 대통령은 연방제 수준의 지방분권을 수차례 천명한 바 있다. 하지만 지난 9월 자치분권위원회가 발표한 '자치분권 종합계획(안)'은 지난 정부보다 현저히 후퇴했다.

자치조직권과 자치입법권을 포함한 자치권의 확대는 물론이고, 재정분권에 대한 실천적 의지를 발견하기 어렵다. 여전히 중앙집권적 사고에서 벗어나고 있지 못하다는 인상을 받았다. 지방분권은 '강단체장'-'약의회'라는 기울어진 기형적 자치제도를 청산하고 지방의회의 자율성과 전문성이 혁신적으로 강화되는 방향으로 개편되어야 한다. 상호 견제와 균형의 원리에 입각한 지방자치의 정신을 제대로 실현하기 위해서는 지방의회의 오랜 숙원인 정책지원 전문 인력의 확보나 인사권 독립, 교섭단체 운영, 인사청문회에 관한 사항이 구체적으로 제시되어야 할 것이다.

◇ '서울시의 산업 및 노동정책에 관한 토론회'에서 나온 문제점은 무엇인지?

◆ 서울시 자체 먹거리가 부족하다보니 성장 동력이 부족한 거 아니냐는 문제점의 지적이다. 성장을 할 수 없는 구조, 이것을 가지고 어떻게 할 것인지 심각하게 논의해야 한다. 이 문제는 조금 전에도 얘기했듯이 서울시만 고민해야할 문제는 아니고 다 같이 고민해야 한다. 정부가 본격적으로 뛰어들어야 하는 것 아닌지 생각해야한다. 서울시만의 문제로 보기는 어렵다. 서울의 성장잠재력이 저하되고 지식기반사업이 감소하는 등 심각한 위기의식이 토론회를 불렀다. 경제구조가 저성장구조에 들어섰고 일자리가 감소하고 있어 대처방안

을 모색해야하는 절실함에 대한 인식이다.

서울시가 일자리 창출을 위해 다양한 노력을 하고 있지만 단순한 수치에 매몰된 정책마련이 아닌 현장을 이해하고 사람을 우선하는 양질의 좋은 일자리창출이 필요하다. 또한, 성별임금격차 문제가 장기적으로 심화된 만큼 능력중심의 임금책정을 통해 성별로서 차별을 만드는 사회적 병폐를 해소하기 위해 다각적인 대책이 요구된다는 의견들이 제시된 바 있다. 이러한 문제점들을 해결하기 위해 서울시의회와 서울시는 힘을 합쳐서 정부에 요구할 것은 요구하고 시의회 차원에서 협력하고 지원할 부분이 있다면 적극적으로 협력·지원하도록 할 생각이다.

◇ 도매시장법인(농림축산식품부)과 도매시장개설자(서울시장)가 양쪽으로 이원화 되어있다. 이에 서울시농수산식품공사는 도매시장법인 등에 대한 평가의 객관성과 신뢰성을 확보하기 위해 농림축산식품부와 도매시장개설자로 이원화돼 있는 평가체계를 일원화 하자는 것이다. 이에 대한 기경위의 정책방향은?

◆ 우리나라는 상장경매 제도를 원칙적으로 채택하고 있고, 이로 인해 도매시장법인들은 도매시장의 활성화를 위한 특별한 기여 없이 농·어민에게 위탁수수료를 받으며 수익을 취해 왔다. 법인 대부분들

은 농수산물 유통과 관련 없는 대기업 자본이 대주주로 있고 당기순이익의 대부분을 주주에게 배당하여 도매시장에서 발생한 이익이 외부로 유출되고 있다.

지난 6월 공정거래위원회는 가락시장의 청과부류 법인들의 위탁수수료와 판매장려금에 대한 담합을 적발하고 시정명령과 함께 총 116억 원의 과징금을 부과한 바 있다. 이제는 도매시장법인 간의 생산적 경쟁을 유도하고 유통주체들과 이익을 공유하도록 하고 법인이 도매시장의 필수적 구성원으로서 도매시장 활성화를 위한 역할을 다 할 수 있도록 해야 한다.

현행 '농안법'은 도매시장법인에 대한 평가를 통해 5년 이상 10년 이하의 범위에서 지방자치단체가 도매시장법인에 대한 지정과 재지정을 할 수 있도록 규정하고 있다. 그러나 도매시장법인에 대한 평가권이 중앙정부에 있어 사실상 지방자치단체의 관리 권한이 크게 제한되고 있는 게 사실이다. 따라서 지방자치단체가 도매시장의 상황과 현실에 맞게 도매시장법인의 역할과 의무를 부여할 수 있도록 도매시장법인에 대한 평가와 지정 권한을 모두 지방자치단체에게 주도록 '농안법'을 개정하는 것이 바람직하다고 생각한다.

가락시장은 서울시장이 고민을 많이 한 것 같다. 이곳을 돈으로 환산

하면 10조정도 된다. 10조를 거기다 묶여 놓는다면 이는 비경제적이다. 애초에 그곳을 매각해서 성남 쪽이나 외각 쪽으로 나가야 했다. 그러면 가락시장 같은 것을 3개정도 만들 수 있지 않았을까. 매각을 하자. 그러나 시 측은 힘들다고 한다. 나중이 되면 결국 시장은 포화상태가 되는데 어떻게 옮길 것인가. 지금은 시장의 형태보다는 쇼핑몰의 형태로 바뀌어 있어서 우리가 생각하는 도매시장 역할을 할 수 있을까 걱정된다. 자본, 인원이 너무 집결되어 있다. 이는 분해해야 한다. 서울시가 결정해야 할 것이다.

가락시장은 법인들 간 '갑질' 문제 등 크고 작은 민원이 꾸준히 제기되는 곳이다. 장외문제로 치달은 적이 있다. 비단 청과문제뿐만 아니다. 이는 결국 승자 없는 싸움으로 서로에게 상흔만 남길 뿐이다. 서울시의원이 되면 할 수 있는 일이 많을 줄 알았다. 그러나 제약이 많다. 민원인들도 자기들만의 논리가 있다. 가락시장의 가장 큰 문제점은 진행형이라는 것이다. 모든 해법을 열어놓고 고심하고 있다.

◇ 2년 전 G밸리 성공을 위해서는 인프라 구축이 우선시 되어야한다고 했는데, 현 시점에 인프라 구축이 갖춰졌다고 평가하시는지.

◆ G밸리는 과거 수출형 산업단지인 구로공단으로 시작하여 현재는 IT 등 첨단산업의 집적지로 서울산업의 중심지 역할을 하고 있었다.

하지만 산업단지 인프라가 노후화되고 지원시설들이 부족하여 우수한 젊은 인재들이 다른 산업단지로 유출되고 있는 상황이다.

이에 따라 서울시는 그간 도로·교통, 녹지 시설 등 관련 인프라를 확충하고 판로지원 시설, 보육시설 등을 구축해왔다. 하지만 이런 실적에도 불구하고 오래 전에 조성된 산업단지라는 근본적인 한계로 인하여 아직 판교 테크노밸리 등 주변 산업단지에 비하면 인프라가 부족한 측면이 있다. 향후 이런 구조적인 부분들은 지속적으로 개선하고 이와 함께 산업단지에 대한 불합리한 규제의 개선, G밸리에 대한 홍보와 이미지 개선 등으로 G밸리가 활성화될 수 있도록 노력이 필요할 것으로 보인다.

◇ '친일인명사전 필사' 참여로 세간의 이목이 집중조명 되었다. 참여 취지와 앞으로의 행보에 대해 한 말씀해 달라.

◆ 반성 없는 역사는 되풀이 될 수 있다. 잘못된 역사가 반복되지 않기 위해 일제 식민통치에 협력한 반민족행위자들을 알리는 친일인명사전 필사운동에 참여했고, 이를 통해 시민들에게 친일행위에 대해 재차 알리고, 대국민인식을 고취시켜 일본의 반성과 사죄를 이끌어내고자 생각했다. 지난 2009년 발간된 친일인명사전에는 4,389명의 친일행적이 기록되어 있다. 특히 저는 친일인명사전에 등재된 유씨

성을 가진 27명의 조상들의 친일반민족행위에 대해 필사에 참여했는데, 유씨 성이 흔하지 않음에도 27명이나 존재해 매우 놀랐다.

선조들의 친일행각에 대해, 후손인 제가 사죄하는 것이 도리라는 마음으로 유씨 반민족 행위자들의 행적을 꼼꼼히 필사했다. 제9대 교육위원회에 있을 때는 서울시내 중고교에 친일인명사전을 배포하는 예산 확보에 힘썼다. 친일인명사전 배포와 필사운동을 통해 비극적인 역사가 되풀이 되지 않도록 우리 스스로 친일 과오에 대해 정확히 알고, 또한 잘못된 일에 대해 철저한 사과를 받는 등 과거사 청산을 위해 노력해야 할 것이다. 이를 위해서는 무엇보다 시민들의 지속적인 관심과 참여가 필요하다고 생각한다. 우리는 근 35년여 지배를 당했지만 단 한명도 처벌을 하지 못했다. 내가 할아버지를 팔아먹은 것 아니냐는 시선도 있었지만, 난 더욱 역사에 반성하는 의미에서 글을 썼다.

◇ 독립운동가의 공적을 가로챈 가짜 가문이 밝혀졌다. 3대째 이어서 서훈, 보훈 연금 등 혜택을 받아왔는데 국가보훈처의 독립유공자 선정이 이렇게 허술한가. 가짜 독립유공자 범죄에 대해 어떻게 생각하시는지.

◆ 최근에 언론을 통해서 관련된 내용을 알았다. 3대에 걸쳐 독립운

동가의 공적을 가로채고 보훈 연금을 포함한 다양한 보훈혜택을 받아왔다는 사실에 경악을 금할 수 없었다.

무엇보다 이런 사실이 다 밝혀졌는데도 불구하고 국가보훈처가 별다른 대응책을 마련하지 못하고, 심지어 당사자 동의 없이는 국립묘지에서의 파묘도 불가능하다는 사실이 더 놀라웠다. 친일을 포함한 과거사 청산이 제대로 이루어지지 못한 우리 역사의 어두운 면을 단적으로 보여주는 사례라고 생각한다.

한편으론, 그간 우리 보훈 정책이 얼마나 주먹구구식으로 이루어졌는지를 보여주는 사례라고 생각한다. 이번 기회에 전수조사를 실시해 가짜 독립운동가를 가려내고, 이들에게 주어진 각종 혜택을 환수할 수 있는 관련 제도가 정비될 필요가 있다. 특히, 친일 행적이 명백히 밝혀졌는데도 불구하고 국립묘지에 여전히 안장되어 있는 인사들에 대한 파묘도 반드시 이루어져야 할 것이다.

◇ 서울시의회 110명 중 법학을 전공한 박사 학위자는 손에 꼽을 정도다. 중앙대 법학 전공자로서 이번 남북한 정상회담 등 평화무드에 힘입어 야구대회, 경평축구대회 개최 등 서울시가 공들이는 생활체육문화 사업에 법리적으로 콕 찝어 코멘트를 부탁드린다.

◆ 법률적인 용어는 할수록 어렵다. 저는 한 가지만 알고 있다. 법은 처음에는 웅장하되 세부적으로 들어가면 끝이 열려 있다. 법으로 끝까지 가면 모호하다. 근데 그렇게 법을 만들지 않으면 안 된다. 법에 저촉되면 그것으로 처벌을 해야 한다. 남북문제는 초법적인 문제로 접근해야 할 것으로 생각한다.

중국은 56개 민족이 모여 만들어졌다. 55개 부족이 가지고 있는 땅이 56%, 한 민족 땅이 40% 이상이다. 우리가 법적인 문제로 북한에 얘기하면 우리는 아무 말도 못한다. 중국이 북한을 점령하면 어떻게 되겠나. 북한이 옹호해 주는 게 아니라 통일할 수 있도록 최대한 기다려 줘야 하지 않나. 그리고 지금의 입장은 통일하려고 생각하면 일이 커진다. 우선 왕래를 시작으로 해야 한다. 교류만 되면 말이 통한다.

잠깐 휴전이면 어떠냐. 대화가 통화는 게 중요한 것이다. 이 자체가 통일이지 않냐. 조급해하지 말고 교류를 시작으로 기다리면 언젠가 통일이 되지 않느냐는 생각이다. 철로가 뚫리면 경제적으로 큰 이득이 생기지 않나. 물류비를 10분의1정도 줄일 수 있는 엄청난 부분이다. 아마 일본이 물류를 우리에게 보낼 수도 있다. 일본과 한국 사이 지하를 뚫어보자는 말이 나올 수 있다. 우리나 북한이나 경제적 이익이 너무 크다. 이런 것이 해결되면 통일이 되지 않을까 생각한다.

남북관계는 법의 문제로 단순히 평가하기 곤란한 면이 많다. '남북교류협력에 관한 법률'을 포함해 관련 법률에서 남북 간의 교류나 협력에 관한 사항은 모두 통일부장관의 승인을 받도록 하고 있다. 사업주체를 '법인·단체'로만 규정하여 지자체 직접 추진 방식이 아닌 민간단체와 협력하는 간접 추진방식만 가능하다. 특히나 UN 대북제재를 포함한 국제사회와 보조를 맞추어야 하는 등 현실적인 제약들이 많다.

서울시가 경평축구 부활을 포함해 체육·문화 교류 중심의 남북교류사업을 계획하고 있는 것은 이런 현실적인 제약을 고려한 궁여지책이라고 보여 진다. 최근 남북한의 항구적인 평화와 신뢰회복, 상호번영을 위한 정부 차원의 발걸음이 빨라지고 있다. 이런 가운데 한 가지 아쉬운 점은 지방정부 차원의 교류활성화 방안에 대한 논의가 배제되어 있다는 점이다. 현재 상황에서 관련 법령을 준수하는 것이 가장 중요하지만, 남북 간 관계 개선이나 교류 활성화에 대비해 체육이나 문화교류 같은 획일화된 교류 모델에서 탈피해 각 지방정부의 사정과 특색에 맞는 다양한 교류·협력이 가능하도록 이번 기회에 관련 법과 제도의 손질이 필요하다는 생각이다.

[인터뷰] 어게인 서울올림픽, 서평올림픽

2036 서울-평양 올림픽·패럴림픽 공동개최, 유치 제안 전략 수립 위한 특별 간담회 개최
88 서울올림픽의 그 영광을 2036년에는 다시 재현하고 국가 발전, 나아가 한반도 평화 발전에 기여하고자 자리를 마련

2021-11-15 12:15 [아시아일보/이건호 기자]

서울특별시 올림픽지원특별위원회 유용 위원장은 '2036 서울평양 올림픽·패럴림픽' 명칭 변경 후 공동개최 유치제안 전략 수립을 위해 "시민과 함께 하는 특별간담회"를 12일(금) 오후5시부터 서울특별시의회 의원회관 스튜디오에서 주관했다.

유용 위원장의 요청으로 서울올림픽유치서포터스 서울평양올림픽을 사랑하는 사람들의 모임, 약칭 서평올사모 윤영용 회장과 세계태권도연맹 강석재 전문위원, 대한변리사협회 박길림 변리사, 한국신뢰성협회 박형록 사무총장 등이 모여, 2036년 서울평양올림픽·패럴림픽공동개최 유치전략 수립과 추진방법에 대해 제안하고 간담회를 가졌다.

유용 위원장은 인사말로 "지난여름 도쿄 올림픽 직전, 호주 브리즈번으로 2032년 올림픽이 결정되어 참으로 안타까웠다. 국민적 실망도 컸다고 본다. 이제 먼저, 서울 시민들이 나서고, 서울특별시가 나서서 가장 성공했다는 88서울올림픽의 그 영광을 2036년에는 다시 재현하고 국가 발전, 나아가 한반도 평화 발전에 기여하고자 이 자리를 마련하게 되었다."라고 2036년 올림픽 유치를 위한 특별간담회 취지를 밝혔다.

이어서 2021년 7월 21일 도쿄 오쿠라 호텔에서 열린 IOC 총회에서 최종 결정되었던, 2032년 제35회 하계올림픽 유치활동에 대해서는 "준비한 많은 내용이 알려지지도 못하고, 제공도 제대로 못한 채 2032년 개최도시가 선정되었다."며 여러 전략적 아쉬움을 표현했다.

원래 2032년 올림픽 후보 도시 접수는 2023년 시행될 예정이었지만 올림픽 유치시기를 매 대회마다 탄력적으로 조정하기로 올림픽 헌장이 개정되면서 보다 앞당겨진 상태에서 개최지 선정 방식이 바뀌었다. 'IOC의 동하계올림픽미래유치위'에서는 올림픽 개최에 관심 있는 지역과 먼저 접촉해 대화를 이어간 뒤 최종 후보를 1~2개로 압축해 집행위원회에 권고하는 방식으로 진행했다.

2021년 6월 카타르 도하, 헝가리 부다페스트, 독일 라인-루르, 중국 청두와 충칭, 인도네시아 자카르타, 인도 뉴델리, 터키 이스탄불, 러시아 상트페테르부르크 등 경쟁지와 서울평양마저 따돌리고 호주의 브리즈번이 단독 개최지 자격을 따냈다. 브리즈번은 전체 경기장의 84%를 기존 시설로 이용하겠다는 비용 절감 계획과 호주 정부·퀸즐랜드 주정부·호주 국민의 강력한 지원 등을 유치의 근거로 내세웠다고 한다. 한국의 서울평양 올림픽 공동개최 공동 유치계획은 큰 이슈로 작용하지도 못했다.

이로써 호주는 1956 멜버른 올림픽, 2000년 시드니 올림픽에 이어 32년 만에 올림픽을 개최하게 되어 하계올림픽 3회 개최 국가가 되었다. 지금껏 하계 올림픽을 3번 이상 개최한 국가는 영국, 프랑스, 미국 3곳이었는데, 이번에 호주가 4번째 국가로 추가됐다.

이에 유용 위원장은 세계적으로도 평화올림픽으로 성공한 88서울올림픽의 성과를 이제 48년만에 한반도 평화올림픽으로 개최해서 새로운 선도 도약의 국운상승 성장발전의 모티브로 삼아야 한다고 강조하며, 시민참여 의견을 구했다.

서울평양올림픽을 사랑하는 사람들의 모임, 서평올사모 윤영용 회장은 "국제경기 등 유치활동의 경험상 2036년 올림픽도 더 빠르게 준비하고, 더욱 강하게 어필해야 또 놓치지 않는다." 고 하며, 이미 많은 국가, 개최도시들이 2036년 올림픽을 향해 달리기를 시작했고 우리는 아직 시작도 못했다며, 우리 서울특별시도, 정부도 빠르게 움직일 것을 주문했다. 윤영용 회장은 1996년 2002년 월드컵 유치 시민활동과 2010년부터 약10년 간 올림픽 종목 태권도를 위한 시민활동으로 해온 경험에 비춰 먼저, "서울 시민들이 앞서서 참여하고, 범국민적으로 후원하는 2036년 올림픽 유치활동이 매우 전략적으로 이루어져야지, 단순 계획과 이슈만으로 국제적인 경기 대회 유치가 이루어지는 것은 아니다. 이를 위해 정치 경제 사회적 분위기 마련에 최선을 다해야 한다."고 했다.

약20여 년 간 국제올림픽위원회를 상대해온 올림픽 국제경기단체인 세계태권도연맹의 강석재 전문위원은 "이미 인도, 러시아, 독일 등이 나름대로 강력한 명분을 내세워 2036 하계올림픽 개최를 벌써부터 희망하고 있다. 한국이 2032년 대회 유치 실패를 만회하기 위해 재도전을 선택하더라도 쉽지 않은 경쟁들이다. 공식적인 올림픽 개최 의사부터 다시 잘 준비하고, 보다 더 가다듬어서 국제적인 이슈가 되도록 발표해야 한다."고 말했다. 강석재 위원은 "2018년 평창동계올림픽에서 WT 세계태권도연맹(총재 조정원)과 ITF 국제태권도연맹(리용선 총재, 장웅 북한 IOC위원 이후)의 활동으로 세계적인 이슈가 되었듯, 평화에 기여하는 스포츠 전략을 잘 활용하는 것이 중요하다고 했다. 한반도 평화를 통해 세계 평화에 대한 기여에 IOC 토마스 바흐 위원장의 관심이 매우 높아 이를 통해 좋은 결과를 만들 수 있도록 하는 것도 중요하다."고 말했다.

대한변리사협회 박길림 변리사는 "인도, 러시아, 독일 뿐 아니라 이미 인도네시아(자카르타) 이탈리아(피렌체·볼로냐) 영국(런던·버밍엄·리버풀·맨체스터) 터키(이스탄불) 캐나다(몬트리올·퀘벡·토론토·오타와) 멕시코(과달라하라·멕시코시티·티후아나·몬테레이)도 2036 올림픽 개최를 원하고 있다는 소식이 있다."며 한국이 다시 실패하지 않기 위해서 치밀한 계획 수립과 의견 수렴, 전략적 접근이 필요함을 다시 한 번 강조하고, 시민 참여형 전략TFT 구성도 주문하며, 국제적인 언론들과도 적극적인 연계, 협력이 필요하다는 의견을 제시했다.

한국신뢰성협회 박형록 사무총장은 "특히, 올림픽 공동개최 및 유치계획은 서울 평양 즉 남북한 공동이라는 함정을 극복해야 한다. 남북한 공동개최는 유치 계획상의 명분은 될 수 있으나 북한 변수로 인해 계획의 신뢰성 면에서 많은 문제를 갖게 되어, 보다 치밀하고 면밀한 계획 수립이 필요하다."며 2032년 유치 실패를 반면교사로 삼아 새롭게 계획해야 한다고 했다.

서울특별시의회 유용 올림픽지원특별위원장은 간담회 말미에 "생각보다 2036년 올림픽 유치활동은 벌써부터 그 경쟁의 열기가 만만치 않다는 것을 알게 되어서, 대단히 감사하다. 여기 관심 있는 관계자 분들의 선각자적인 아이디어와 조언이 더 많이 필요한 것 같다."라며 "비록, 이렇게 시작은 작고, 부족하고, 어렵지만 이렇게 자리해주신 분들의 의견을 더해 곧 서울특별시의회에 보고하고, 서울특별시 집행부와 확대특별간담회, 유치전략수립 시민참여 TFT 구성, 세미나 등과 세계태권도연맹과의 협력도 적극적으로 추진하도록 하겠다. 이번 간담회에서 나온 의견처럼, 또 다시 실패하지 않게 빠르고 강하게 준비하도록 하겠다."며 2036년 올림픽 유치활동이 매우 전략적이고도 초정파적인 활동으로 시급히 추진해야함을 강조했다.

작은 성적표

[서울=세계타임즈 이장성 기자]

2021년 11월 30일 서울특별시의회 문화체육관광위원회 유용 의원(더불어민주당·동작4)은 사단법인 한국유니버설디자인협회(회장 우창윤)로부터 유니버설디자인 확산을 위한 정책과 인식개선을 위해 열정적이고 헌신적인 의정활동을 이어온 공로로 **한국유니버설디자인 대상**을 수상하였다.

올해로 3번째를 맞이한 유니버설디자인대상 시상식은 성별, 연령, 문화적 배경, 장애 유무와 관계없이 누구나 손쉽게 접근하고 사용할 수 있는 디자인을 위해 인식개선과 제도마련 등 사회적 확산에 기여한 자에게 시상을 하고 있다.

유 용 의원은 수상소감으로 "장애를 가진 분은 물론 비장애인에게도 범용되는 모든 사람을 위한 디자인을 칭하는 유니버설디자인이 일상생활에서 더욱 폭넓게 쓰일 수 있도록 의정활동을 계속해서 이어나가겠다."고 말하였다.

서울특별시의회 기획경제위원회 유용 위원장(더불어민주당, 동작구 제4선거구)은 1일 **개최된 '2019 거버넌스 지방정치대상' 시상식에서 최우수상을 수상**했다.

'거버넌스 지방정치대상'은 참여와 파트너쉽을 통한 거버넌스로 성공적인 자치분권 사례를 발굴, 전파, 확산하고자 사단법인 거버넌스센터에서 주관하고 대통령 소속 지방분권위원회, 전국시장·군수·구청장협의회 등의 후원으로 금년부터 분야별로 성과가 우수한 지방자치단체장과 지방의원을 선정해 시상하고 있다.

유 위원장은 시민과 전문가가 참여하는 정책토론회의 월별 개최 등을 통해 집행부를 선도하는 정책의회로 기획경제위원회를 운영했다. 기술교육원 혁신방안 마련, 가락시장 시설현대화사업 정상화, 공공임대주택주민의 주거복지 확대 등 여러 의정활동으로 행정 혁신에 기여한 공로를 인정받았다. (서울신문)

서울특별시의회 유용(더불어민주당,동작4) 기획경제위원장이 **'2019 대한민국을 빛낸 의정&인물 대상' 수상자로 선정됐다**.

지난 14일 대한뉴스에서 주최하는 '2019 대한민국을 빛낸 의정&인물 대상'에서 유 위원장은 '우수의정활동 부분 의정대상'을 수상했다.

대한민국을 빛낸 의정&인물 대상은 대한뉴스와 해당 분야의 전문가, 교수, 언론사 기자단 등으로 이뤄진 심사위원회의 엄격한 정성, 정량 평가를 통해 탁월한 의정활동으로 국가와 사회 발전에 뛰어난 공헌을 한 국회의원, 지방의회의원 등을 선정해 수여하는 상이다.

유 위원장은 서울시 발전과 지역경제 균형발전 및 활성화를 위한 현장 위주의 의정활동을 통해 주민 의견을 정책에 적극 반영하여 서울시민의 삶의 질 향상과 서울시의회의 역량 및 위상을 높이기 위해 헌신적으로 노력한 공로를 인정받았다.

또한 유 위원장은 △현충근린공원 조성 △흑석빗물펌프장 시설개선 등 지역주민에게 필요한 사업과 예산 확보를 위해 서울시와 긴밀하게 협조하고 있다는 점과 서울시 사회적경제와 전통시장 특화사업 지원을 통한 지역경제 활성화에 노력하는 등 균형 있는 의정활동을 펼친 공로도 인정받았다. (서울신문)

유용 서울시의회 기획경제위원장(더불어민주당,동작4)이 **'2019 대한민국 지방의회 의정대상'** 수상자로 선정됐다.

지난 26일 JJC지방자치TV에서 주최하는 '2019 대한민국 의정대상·지방자치 행정대상 시상식'에서 유 위원장은 '지방의회 의정대상'을 수상했다.

시상식 주최인 지방자치TV는 17개 시·도와 243개의 시·군·구의 지역 정보를 공유하고 있는 매체로써, 매년 지방자치 발전과 국민을 위한 의정활동으로 국가와 지역 발전을 위해 헌신해 온 국회의원, 지방자치단체장, 지방의회의원 등을 선정해오고 있다. (서울신문)

서울특별시의회 기획경제위원장 유 용(더불어민주당, 동작4)의원은 11월 26일 오전 국회 의원회관 2층 대회의실에서 대한뉴스와 혁신리더스포럼이 주최한 **"2018년 대한민국 베스트 인물 大賞"시상식에서 지방자치단체 의정부문 대상을 수상**하는 영예를 안았다.

"2018년 대한민국 베스트 인물 大賞"은 각 분야별 의정활동, 지역경제, 경영혁신, 브랜드 전략 등에 대한 경영평가와 유권자 및 소비자 설문조사를 통해 우리사회의 발전에 기여한 인물을 대상으로 엄격한 심사를 통해 선정된다. (서울신문)

서울시의회 기획경제위원회 유 용 위원장(더불어민주당·동작4)은 지난 22일 **'2018 자랑스런 대한국민大賞'을 수상**하는 영광을 안았다.

'2018 자랑스런 대한국민大賞'은 대한국민大賞위원회가 주최하고 (사)안중근의사 숭모사업회, 한국소비자협회, 주한대사문화친선협회 등이 후원하는 행사로서, 대한국민의 자긍심으로 국위를 선양하고 국격을 높이는데 기여한 각 분야의 대표 인물을 대상으로 엄격한 심사를 통해 대상자를 선정하고, 이들에 대해 노고를 치하하는 자리였다.

유 용 위원장은 서울시의회 9, 10대 재선으로 교육위원회와 기획경제위원회 위원을 거쳐 현재는 기획경제위원회 위원장으로 활동하면서 교육과 복지 정책에 관심을 갖고, 노인·장애인·노숙인·한부모가족·저소득층 시민 등 우리사회에서 소외되기 쉬운 계층에 대한 목소리가 서울시와 서울시교육청 정책에 반영될 수 있도록 노력했다. (서울신문)

봉사의 달인 유용시의원, **'서울사회복지대상' 수상**

서울사회복지대상은 '서울복지신문사'가 주최하고 복지TV, 우리은행, 서울특별시의회 등이 후원하는 행사로써, 사회복지분야에서 헌신한 지방자치단체장을 비롯하여 복지관련 종사자, 서울시의원 및 구의원, 지자체 공무원, 일반인 등을 대상으로 엄격한 심사를 통해 대상자를 선정하고, 이들에 대해 노고를 치하하는 자리다.

누가 상복 많다고 했는데... 상복은 모르겠고, 주셨으니 받겠으나, 우리 주민들께서 주신 사랑은 이 모든 상들 중에 으뜸. 고맙다고 툭 쳐주시던 그 격려. 내 보람은 주민들의 칭찬인 듯. 칭찬은 고래도 춤추게 한다는데...

동작 봉달이, 유용하게 쓰시길... 사랑합니다. 여러분

동작애 봉달이 유용 愛 씀

쌀 들어서 쪽방촌에 기부하는 행사

10kg 쌀 포대 하나에 한 분
겨우 다섯 분 밖에 못 업어드린 느낌에 죄송했는데
동료들이 옆에서 하는 말, 아직 살아있네

한 분이라도 더 업고 싶었는데…

50kg?

어려운 살림에 쌀포대는
지고가는 인생살이의 짐이다
살아 있다는 느낌으로
쌀 무게가 전해지고

동작 봉달이, 유용아
더 힘내서
더 힘내서 더 돕자, 더